大学英语阅读教学与翻译理论研究

王　菲　陈　琛　张庆敏◎著

中国商务出版社
CHINA COMMERCE AND TRADE PRESS

图书在版编目（CIP）数据

大学英语阅读教学与翻译理论研究 / 王菲，陈琛，张庆敏著. -- 北京 : 中国商务出版社，2022.11
ISBN 978-7-5103-4456-5

Ⅰ. ①大… Ⅱ. ①王… ②陈… ③张… Ⅲ. ①英语－阅读教学－教学研究－高等学校②英语－翻译－教学研究－高等学校 Ⅳ. ①H319.37②H315.9

中国版本图书馆CIP数据核字(2022)第209765号

大学英语阅读教学与翻译理论研究

DAXUE YINGYU YUEDU JIAOXUE YU FANYI LILUN YANJIU

王菲　陈琛　张庆敏　著

出　　版：中国商务出版社
地　　址：北京市东城区安外东后巷28号　　邮　编：100710
责任部门：教育事业部（010-64283818）
责任编辑：丁海春
直销客服：010-64283818
总 发 行：中国商务出版社发行部（010-64208388　64515150）
网购零售：中国商务出版社淘宝店（010-64286917）
网　　址：http://www.cctpress.com
网　　店：https://shop162373850.taobao.com
邮　　箱：347675974@qq.com
印　　刷：北京四海锦诚印刷技术有限公司
开　　本：787毫米×1092毫米　1/16
印　　张：11.75　　字　数：242千字
版　　次：2023年10月第1版　　印　次：2023年10月第1次印刷
书　　号：ISBN 978-7-5103-4456-5
定　　价：70.00元

前　言

随着英语在人们生活中的普遍应用，大学英语教学也备受关注。大学英语教学中对阅读的教学尤为重要，在我国大学英语阅读教学中，教师应不断研究相关的阅读理论与阅读技巧，并采取有效的方法来提高学生的阅读理解能力，不仅要训练学生通过多选题式的快速阅读来理解原文，还应注意培养学生的翻译能力。同时，教师应指导学生在深刻理解原文的基础上，用规范的、自然的汉语准确地表达原文的信息。在大学英语阅读教学活动中加强翻译教学，是当今大学英语教学改革发展的需要。

鉴于此，笔者撰写了《大学英语阅读教学与翻译理论研究》一书，在内容编排上共设置六章：第一章作为本书论述的基础和前提，主要阐释阅读的内涵、阅读素养与阅读动机、大学英语阅读教学实质与提高方式；第二章是大学英语阅读教学法解析，内容涵盖大学英语阅读中的体裁教学法、大学英语阅读中的任务型教学法、大学英语阅读中的语篇衔接教学法；第三章分析大学英语阅读教学活动设计的基础知识、大学英语阅读教学分析类、综合类活动设计及大学英语阅读教学评价类活动设计；第四、五章论述大学英语翻译教学理论及模式构建、大学英语翻译的语言层次与常用技巧；第六章围绕大学英语精读教学与英汉翻译教学的融合、大学英语翻译教学与“跨文化”的有机结合、基于 SPOC 的大学英语翻译教学模式构建与运用、大学英语翻译与阅读交互教学模式的融合进行研究。

全书结构科学、论述清晰，力求达到理论与实践相结合，让读者在学习基本方法和理论的同时，注重学生阅读能力的培养，以达到提高能力、提升素质的目的。

笔者在撰写本书的过程中，得到了许多专家学者的帮助和指导，在此表示诚挚的谢意。由于笔者水平有限，加之时间仓促，书中所涉及的内容难免有疏漏之处，希望各位读者多提宝贵意见，以便笔者进一步修改，使之更加完善。

前言

目　录

第一章　大学英语阅读教学概论 …… 1

第一节　阅读的内涵阐释 …… 1

第二节　阅读素养与阅读动机 …… 11

第三节　大学英语阅读教学实质与提高方式 …… 23

第二章　大学英语阅读教学法解析 …… 30

第一节　大学英语阅读中的体裁教学法 …… 30

第二节　大学英语阅读中的任务型教学法 …… 32

第三节　大学英语阅读中的语篇衔接教学法 …… 37

第三章　大学英语阅读教学的活动设计 …… 41

第一节　大学英语阅读教学活动设计概述 …… 41

第二节　大学英语阅读教学分析类活动设计 …… 44

第三节　大学英语阅读教学综合类活动设计 …… 58

第四节　大学英语阅读教学评价类活动设计 …… 80

第四章　大学英语翻译教学理论及模式构建 …… 93

第一节　英语翻译与翻译教学的特征 …… 93

第二节　大学英语翻译教学原则与内容 …… 98

第三节　大学英语翻译教学模式的构建 …… 101

☞ 第五章　大学英语翻译的语言层次与常用技巧 …………………… 107

第一节　大学英语翻译的语言层次分析 …………………… 107
第二节　大学英语翻译的直译法与意译法 …………………… 142
第三节　大学英语翻译的增译法与减译法 …………………… 144
第四节　大学英语翻译的转译法与分译法 …………………… 149
第五节　大学英语翻译的倒置法与重组法 …………………… 161

☞ 第六章　大学英语阅读教学与翻译教学的融合研究 …………………… 165

第一节　大学英语精读教学与英汉翻译教学的融合 …………………… 165
第二节　大学英语翻译教学与“跨文化”的有机结合 …………………… 169
第三节　基于SPOC的大学英语翻译教学模式构建与运用 …………………… 172
第四节　大学英语翻译与阅读交互教学模式的融合研究 …………………… 176

☞ 参考文献 …………………… 178

第一章 大学英语阅读教学概论

第一节 阅读的内涵阐释

一、阅读过程与本质

阅读是一种重要的活动。阅读教学在学校中占有重要的地位，学生必须掌握相关语言、文字的基本规律，积累一定数量的词汇，能够阅读各种类型的文章，拓宽文化知识面，培养、提高分析问题和解决问题的能力，才能完成各门学科的学习任务，为参加社会生活做好准备。通过一定的活动，学生还可以从思想上、感情上受到阅读作品的感染，形成良好的品质，发展他们的个性。

阅读过程的研究一直是语言教学研究中的重点课题。很多人认为阅读理解的过程就是，首先认识每个单词，再了解每句话的意思，然后自然地就理解了全文的意思。但是实际上，认识每个单词并不意味着能理解全文，理解全文也不必认识每个单词。另外，阅读始于读者对阅读材料的认识、分析、理解，然后再进入分析、理解综合处理、重复上述步骤这样一个过程。这样的步骤在阅读过程中会重复出现，不同之处在于每次总是在已有知识的起点上对新的阅读材料重复以上步骤。

从建构主义理论的角度来看，阅读是读者知识的重新构建过程。在阅读过程中，读者对外来信息进行识别、加工和获取时需要以自身大脑中原有的信息和知识为基础，对新的信息进行取舍和处理，构建一个与新信息相关的认知体系，去推测和感悟作者的思想和交流意图。虽然这种构建过程受到了认知活动的目的、计划、策略等方面因素的监控和影响，然而作者在文章中的语言编码能为读者提供导向，促使读者自觉应用自己已有知识去提取或建构新的意义。阅读过程不只是单纯依赖于作者对读者的语言符号刺激作用，同时也是作者的语言思维与读者认知构建图式之间的相互作用的复杂过程。建构主义理论的这个观点偏重把阅读看成是读者自主构建知识的过程。

对阅读的本质，目前较为普遍的观点认为，阅读具有两个层面：第一是视觉层面，主要是对文字符号进行辨认，将信号传送到大脑；第二是认知层面，对视觉信息进行解释，不是只局限于认字释义，读者大脑中进行着的是重建过程，试图再现作者在特定语篇的创作过程中所要表达的意义。实际上，第二个层面是相当复杂的过程，并不像有些人认为的那样，阅读是被动接收信息和理解信息的过程。从心理语言学的角度来看，阅读是一种主动的创造性行为，阅读者要根据自己已掌握的知识经验对作者要表达的意义进行筛选、推测、判断、归纳。

另外，阅读是一种相互作用的交际过程。根据这一观点，阅读具有两个主要特征：首先，如同说—听的交际过程，阅读是作者和读者之间的交互行为，作者在具体的语篇中表达自己想要传递的信息，读者对该语篇进行理解以获取信息。但是，与听的不同之处在于，阅读是间接的，除了书面文字材料外，既没有具体的交际环境，也没有双方面对面的交流，因此，阅读的相互作用过程更为复杂和困难。其次，阅读是一个主动的创造过程，读者不是被动的接受者，阅读也不只是视觉过程，而要在视觉信息的基础上借助各种非视觉信息，不断对结构进行预测，并根据具体场合和篇章所构建的语义对其进行检测。这种接受语言的过程就是不断尝试、预测、检验和确定的循环过程。阅读者根据自己的推测来理解语篇的意义，他必须对文章中的选词、所列事实、组织结构等进行评判，以获得作者想要表达的信息。

阅读的过程就是一个不断猜测的过程，读者已有的知识比起要接受的知识更为重要。阅读理解的步骤如下：浏览（标题、长度、插图、字体）预测内容、功能及文体结构、快速阅读、确认或修正预测、进一步预测更加仔细地阅读。

心理语言学家对阅读理解过程所持的观点是：阅读过程并不是简单的信息传递和读者被动接收信息的过程，而是一个积极主动的活动，它需要大量的脑力活动。在此过程中读者自始至终处于积极主动的状态，不停地对视觉信息进行解码、加工和处理。这就是说，一篇文章的意义不在于材料本身，而是读者与材料不断交流活动的结果。读者把新知识和旧知识联系起来，以便完整地理解文章的意义，这种引申意义的脑力活动不仅仅是对词汇意义的解码，而且是对文章的全面理解。

阅读是一个判断、推理、归纳、总结的过程。读者需要把分散于文章中的各种信息联系起来，经过必要的判断、推理，得出自己对文章的认识。这一过程不光要求读者有必要的语言能力，同时对读者的预测机制、认知能力、语篇分析能力提出了较高的要求。阅读是一个心理语言猜测活动。换言之，一个好的读者总是不断猜测下文是哪些内容，然后用作者所给的信息检验自己的预测是否正确。如果预测正确就开始下一个预测，如果错误，就必须修正原来的假想。由于心理语言学的影响，阅读理论的研究开始重视阅读心理机制以及受这种机制影响的信息传递和信息处理过程，并通过对阅读行为分析展示阅读效率的构成。

究其本质，阅读是一种复杂的生理和心理活动，是视觉信息和非视觉信息相互作用的活动，即文字信息和读者的知识水平、文化背景及个人经验相互作用的活动。阅读作为一个心理过程，指读者本人启动多种生理器官、知识结构以及技能技巧与阅读材料的书面符号产生联系，并通过这种联系来解读符号，从而重构信息，换言之，在外语阅读过程中，读者作为一个个体，利用文章的各种现象所形成的刺激，进行一系列的体验、预测等思维活动。在读者接触阅读文本时，文中的标题、某个词、某句话、某个图表都有可能激活读者大脑中的某些相关知识，从而使读者找到阅读定位，并形成对所读内容的预测。如果预测成功得到验证则顺利完成阅读；反之，读者的预测得不到验证，则不得不推翻自己的预测，寻找新的“论据”，并不断形成新的预测，直到完成阅读。

大学英语阅读是以文章作为语言实体和信息载体，对书面信息进行认知构建的言语过程。它融语音、词汇、语法等基础知识为一体，是综合训练和考查学生语言运用、阅读理解、逻辑推理、分析判断等能力的有效手段。英语阅读作为一项输入技能在提高综合运用英语语言能力的过程中最直接地体现着输入假设，即决定第二语言习得能力的关键因素是接触大量有意义的、有趣的或是相关的第二语言输入材料。阅读是语言输入的最大源泉，学生在很多情况下都可以通过阅读获取知识，不需要任何特殊设施。

二、基于认知心理学的阅读分析

阅读过程是解码的过程，是认知的过程，且认知心理学有助于认识阅读的过程，以下对认知心理学和发展历程进行研究。

（一）认知心理学阐释

认知心理学是一门研究认知和行为背后之心智处理（包括思维、情感、动机等）的心理科学。在心理学的研究对象上，行为主义主张研究外显的、可观察的行为，认知心理学则是把研究重点转移到了被忽视的内部心理过程；在研究方法上，行为主义强调严格的实验室方法，排斥一切主观经验的报告，认知心理学则既重视实验室的实验，也重视主观经验的报告。在认知心理学家看来，改变外部条件并不是目的，它只是揭示知识结构的辅助手段。

认知心理学试图把全部认知过程统一起来，认为注意、知觉、记忆、思维等认知现象是交织在一起的，对于一组现象的了解有助于说明另一组现象，而通过认知现象彼此之间的依赖关系，很可能会发现人类认知过程的统一加工模式。不仅是把认识过程统一起来，认知心理学还要把普通心理学各个领域统一起来，即从认知视角去研究和说明情绪、动机、个性等，将认知心理学的观点进一步扩展至社会心理学、发展心理学、生理心理学、工程心理学等领域。总而言之，认知心理学非常重视心理学研究中的综合观点，强调各种心理机制在认知过程中的相互联系、相互制约和相互作用。而从信息加工的角度来研究认知过程，是现代认知心理学的主流。所以，在一定程度上，认知心理学即信息加工心理学。

（二）阅读的认知心理学

从认知心理学的角度看，阅读就是一个信息加工的系统，是感知输入的转换、简化、加工、存储和应用的全过程，是感知输入的编码、贮存和提取的全过程，是输入和输出之间发生的内部心理过程。按照这一观点，学生在阅读中的认知过程可以被分解为一系列阶段，每个阶段是一个对输入信息进行某些特定操作的单元，反应便是该系列阶段的操作产物。此外，信息加工系统的各个组成部分也都以某种方式相互联系。

神经细胞（神经元）是神经系统的基本单位，负责信息的传递。要更具体地认识阅读中的认知心理变化，就需要了解整个过程中大脑的神经元是如何组织的，是如何对认知环境中的信息以及其中的认知行为进行反应的。

1. 神经元传递信号

认知心理现象：科学的发展使人们知道人脑中电信号的本质和传递路径。脑的基本单位是神经细胞，也称作神经元，这是神经元学说的核心，其主要观点是神经系统由单个神经元传递信号，且神经元之间并不像神经网络理论认为的那样是“相互连续不断的”。此外又得出：①除了大脑中的神经元，还有一些神经元是从外部环境中获取信息的，如皮肤、眼睛和耳朵等位置的神经元。这些神经元可以被称为感受器，它们与大脑中的神经元相似，也具有细胞体和轴突，但同时它们还具有特异性的感受器来接收来自外部环境中的信息。②所有的神经元的轴突与其他神经元的树突或胞体之间有一道间隙，这道间隙被称为突触间隙。③神经元选择性地与其他神经元连接，特异性地与某些神经元建立连接。通常，许多神经元连接在一起构成神经回路。而通过微电极，可以记录神经元产生的电信号。动作电位通过轴突时其幅度不变，随着刺激强度的增加，神经放电的频率也随之增加。

解读阅读过程：在阅读初始阶段，大脑中的神经元与眼睛位置的神经元共同充当了感受器的作用，神经回路是阅读初始阶段承载信息的方式。通过神经元传递的信号，也可以看出阅读过程中刺激对于神经元甚至是神经回路中阅读信息储存效果的影响。

2. 大脑的分布加工

认知心理现象：特定的功能由多个不同的脑区共同负责。例如，面孔信息的加工可以激活大脑的众多区域，该原理同样适用于记忆、决策和问题解决等其他认知功能。这也体现了认知的基本规律——不同的认知功能往往涉及相似的加工机制。

解读阅读过程：在阅读文本的过程中，多个脑区共同参与了认知的过程。这是比较隐形的事实，须对此有一定的认识，它能帮助人们弄清阅读的整个概念。

3. 神经编码

认知心理现象：一个特定的客体是通过大量神经元的放电被表征的，这种神经活动模式是独一无二的。表征一个刺激的神经放电模式被称为“神经编码”，该原理同样适用于记忆、决策和问题解决等其他认知功能，其中，记忆的编码涉及对信息的储存。

解读阅读过程：对于文本中的很多信息，阅读是通过表征的方式，或更精确地说，是通过神经编码的方式进行的。

4. 信息的加工过程

(1) 信息加工的途径有“自下而上”和“自上而下”两种。

认知心理现象：所谓“自下而上”的加工，始于感官刺激的加工途径。从生理层面看，感受器受到刺激后会诱发一系列的电位变化，随后电信号会由感受器传向大脑，由此个体便可以看见或听见目标物；从行为层面看，对目标物的知觉是由许多信息综合而成的，这些信息正是来自大量特征觉察器的激活。换言之，“自下而上”的加工是由外部刺激开始的加工，知觉的第一步是感受器接受来自环境的刺激，通常先对较小的知觉单元进行分析，再转向较大的知觉单元，经过一系列连续阶段的加工，达到对感觉刺激的解释。如此的信息传递是从较低水平的加工到较高水平的加工。除了作用于感受器的信息之外，个体在应对环境过程中所运用的知识也会对知觉产生影响，称这种知识为“先验知识”，例如，可以根据几何体的不同排列方式识别不同物体，并为之命名。这种基于个体先验知识或期望的加工途径被称为“自上而下”。

解读阅读过程："自下而上"的加工途径适用于广义的阅读，即对周围信息的阅读，这种信息的读取是从特定事物开始的；而文本阅读有些不同，文本阅读通常要求先"自上而下"，后"自下而上"，两者相结合地进行。

（2）信息加工的模式有"自动性"和"控制性"两种。

认知心理现象：所谓"自动性加工"，根据学者观点，练习可使被试者对注意进行分配，从而同时处理目标侧记与探测序列。更进一步地说，多次练习可带来自动性加工，这种自动性体现在：①非刻意，即在未刻意为之的情况下自动发生；②耗费较少的认知资源。事实上，在现实生活中的许多经历都存在着自动性加工的过程，经过多年重复，好多事都已驾轻就熟。在变化的映现条件下的加工描述为"控制性加工"。因为人们的注意力不得不时刻保持高度集中，以一种更加聚焦的方式在一些分心物中收集目标，这是一种比一致的映现条件更需要控制的加工方式。复述就是其中一种控制加工，一遍又一遍地重复某个刺激信息。

解读阅读过程：认知心理的两种加工模式很好地解释了学生的无意学习和有意学习、无意注意和有意注意有节奏地交替是十分必要的。这是因为有意注意必须做巨大的意志努力，而不能保持很长时间。学生阶段有意注意的维持时间约在 20 分钟。于是，需要用无意注意来加以调节。因此，在进行阅读教学时，教师必须使有意注意（控制性加工）和无意注意（自动性加工）有节奏地互相轮换，如对于关键信息进行控制性加工，对于一般信息（有类比的信息）可进行自动性加工。

5. 信息记忆与提取

（1）信息记忆。认知心理现象：对于记忆如何工作的问题，认知心理学家采用的解释方法是建立下述记忆模型。该模型囊括了当时很多记忆模型的特征，被称为"多重记忆模型"或"记忆的多重储存模型"，这一模型十分有影响力，多年来成就了众多记忆方面的研究，该模型中的各阶段被称为"结构特征"，信息输入的记忆类型包括感觉记忆、短时记忆、工作记忆和长时记忆四种。

1）感觉记忆。感觉记忆，也叫"瞬间记忆"，是指短时间内对感觉刺激效果的保持。感觉记忆是记忆最开始的阶段，可以包含所有信息，持续几秒或几分之一秒，如视觉滞留。

2）短时记忆。短时记忆，是指在一段较短的时间内储存少量信息的记忆系统。短时记忆包含 5~7 个项目，持续 15~30 秒。

3）工作记忆。工作记忆，是一个容量有限的系统，该系统用来暂时存储和操作一些复杂任务（如理解、学习和推理等）的信息。工作记忆与短时记忆主要有三个方面的不同：a. 短时记忆主要关注短时间内对信息的暂时储存；工作记忆则关注复杂认知任务中对信息的操作。b. 动态的短时记忆仅涉及单一的成分，是个独立过程，如记住一个电话号码；工作记忆则包含一系列成分，如在阅读文章时记忆数字。c. 短时记忆可以简单地在平面上进行拓展，向长时记忆输入或从长时记忆中提取信息；工作记忆则侧重在较复杂的系统中，在空间多维度的任务上，包括三种活动：语音回路，储存言语信息和听觉信息；视空画板，保持视觉信息和空间信息；中央执行系统，从长时记忆中提取信息，同时负责协调语音回路和视空画板。

4）长时记忆。a. 认知心理现象：长时记忆，是一种负责长时间储存信息的系统，可视为对过去事件和已学知识的存档。长时记忆包含大量信息，能够维持几年甚至几十年。b. 解读阅读过程：大量阅读信息的输入形成了感觉记忆，是短时间内对感觉刺激效果的保持。若需形成短时记忆，就必须对阅读内容进行必要的加工，至于是“浅加工”还是“深加工”，则需要根据内容及其组织方式和学生的元认知状态决定。短时记忆和工作记忆的区别是调用了不同的认知资源，但目的都有两点：一是为了输出；二是为了储存于长时记忆中，形成图式，为各种阅读任务提供“上端”信息。

（2）信息的编码和提取。

将编码信息放入长时记忆：有很多方法可以把信息放入记忆，但效果不同，为此，需要先了解加工水平理论。根据加工水平理论，记忆取决于信息编码的方式，“更深层次”的加工比“浅层次”的加工更有利于信息的提取。质言之，记忆取决于如何加工信息或者编码信息，使之进入大脑。例如，浅层次加工，主要通过不断重复的方式将某项目保存在记忆中，而不涉及意义，也未与其他事物关联；深层次加工，则将注意力集中于项目的意义，并与其他事物关联，这种加工方式常发生在精细的阅读复述过程中，而根据加工水平理论，深加工比浅加工的记忆效果更好。

从长时记忆中提取信息：使用信息的前提是提取信息，而将信息从长时记忆转移到工作记忆的过程，便是信息提取的过程。记忆失败的很多情况都归咎于提取的失败。对此，关键的回忆过程主要有两种：一种是自由回忆，即自行回忆刺激；一种是线索性回忆，通过记忆信息的提取线索实现回忆，而所谓“提取线索”，即那些能够帮助想起记忆中储存信息的词或其他刺激。对此，提取和编码的一致无疑会提升提取的成功率。通过匹配信息的编码和提取，增加提取信息的可能性：①根据编码特异性原则，将编码时的情景和提取时的情景相匹配；②根据学习所依存的状态，将编码时的心理状态和提取时的心理状态相匹配；③根据适当的传输加工，将编码时的任务和提取时的任务相匹配。

信息提取是阅读中的常用方法，通过使用储存于长时记忆中的内容图式和形式图式，降低阅读难度，改进阅读效果。提取信息的过程其实就是回忆的过程，而具有价值的线索往往能帮助回忆。记叙文中的时间线索就是很好的例子。若能在提取时，与情景、心理状态和任务进行匹配，效果更佳。

（三）阅读中认知心理学的启示

1. 阅读信息的精细化

所谓“精细化”，是把读者正在阅读的材料转移到长时记忆的一步，把阅读材料与读者已知的其他事物相联系，由此将意义赋予阅读信息。例如，创造出将两种事物联系起来的形象。可见，精细化过程是将阅读信息储存于长时记忆的前提，是新旧知识整合和未来信息提取的必要途径。

2. 创设与检测情景

在学习一段材料时，主动创设情景，或者说生成情景，是必要的。这不仅是建立有力编码的途径，也是使信息提取长期有效的途径。而事实上，检测是生成的一种形式，因为它同样需要读者积极投入所读材料。与重新阅读材料相比，检测这种方式更能有效促进信息的编码与提取。检测包括两个方面：阅读中获取的信息、增强信息记忆后获得的知识和能力。然而无论是生成还是检测，都表明阅读应与具体情景相结合，同时需要经常对阅读内容进行检测，以确保阅读的有效性。

3. 组织阅读信息与利用休息的间隔效应

为了更好地进行信息的编码，需要在阅读过程中建立一个能够将不同信息联系起来的框架，使之更具意义。

认知心理学范畴里的“休息”，是指分几段时间进行学习，而不是尝试一次学习所有事物，或是进行没有思考空间的填鸭式学习。例如，相比集中到一个时间学习，把学习分成几个阶段并在各阶段间隙做休整思考，效果会更好，即便两者总的学习时间一样，这就是“间隔效应”。休息所倡导的是对阅读进行分时段学习，而这也是为了更好地进行信息的编码和提取。

根据编码特异性原则，当阅读学习（信息编码）和阅读检测（信息提取）的情景匹配时，记忆效果会更好。研究表明，相比花费同样时间在同一地点学习，在不同地点的学习可以防止读者将学习内容仅与一个地点相联系，而通过多个地点的情景匹配，无疑可以增强对材料信息的记忆。

4. 避免造成认知上的学习错觉

无论是基础性的记忆研究还是针对某一学习技巧的研究，都得出了一个结论：受学生青睐的一些学习技巧被高估了。关注流利度和熟悉度、认真做笔记等策略均可能造成认知上的学习错觉。事实上，信息的编码更能有效促进阅读学习。信息的精细化、生成和检测情景、组织阅读信息等都在鼓励学生对阅读内容进行更深层次的加工。

5. 巩固记忆信息

学习和记忆之所以能够在大脑中表征，是通过发生在突触上的生理变化来实现的。突触变化的结果之一，就是产生一种“长时程增强”的现象，即在重复刺激之后，神经元放电增强。“长时程增强”这个概念很重要，它能表明重复刺激不仅能够导致突触的结构变化，还会增强反应。

每一段新的经历都会给形成一段新的记忆带来可能，但是，新的记忆是脆弱的，很容易被破坏掉，所以需要巩固。通过巩固，将新生成的记忆从一种可能被破坏的脆弱状态转换成一种可以阻止记忆被破坏的更持久状态。整个过程涉及神经系统的重组，且发生在两个水平上：第一，突触巩固：突触巩固产生于突触水平且发展迅速，只需几分钟。第二，系统巩固：系统巩固涉及脑区中回路的逐级重组，发生在更长的时间尺度上，会持续几周、几月甚至几年。

巩固可以使新记忆稳定，而根据标准巩固模型，一开始输入信息的激活，使海马体整合不同皮层区域的活动（此时皮层之间没有联系），而后重新激活，使海马体与皮层的网络产生神经活动（此时形成皮层区域之间的连接），另外，当皮层之间联结变得足够强大时，皮层的不同区域便可直接关联，不再依赖海马体，此后对长时记忆的提取只需皮层活动即可。由此可见，重新激活是巩固的主要机制。其问题是，记忆即使被巩固了，也有可能被修改或消除。所以，记忆在最初巩固后可以发生再巩固的过程，再巩固提供了加强或更新记忆的机会。重新激活和再巩固使记忆成为一个动态过程，可见，记忆不是一成不变的，是始终处于“发展中”的。而在整个记忆巩固的过程中，表象扮演着十分重要的角色，可以通过表象提高记忆：第一，将所想象的图像置于不同位置。表象之所以能够提高记忆，与表象自身的特性是分不开的：表象可以依据具体记忆项目的特点将这些项目组织起来，即置于不同位置，由此帮助之后的记忆提取。第二，将图像与文字联系起来。这里要说的是“字钩法”，即将所想象的项目与具体词汇联系起来。如名词词表的顺序直接确定某一需要记忆的项目。此外，韵律也往往提供了有助于记忆名词的提取线索。

综上所述，大脑中记忆的形成告诉人们巩固的重要，若要使阅读更有效，就须重新激活和再巩固记忆信息，使记忆成为一个适应性的动态过程，随着新的学习经历和变化的情景而被建构和改造，为此，需要利用表象，提高阅读记忆效率。

6. 思维——问题解决、推理与决策

完形心理学家（亦称格式塔心理学家）从如何感知客体出发，提出了多种知觉组织法则来说明环境中的基本元素如何组织或组合在一起成为一个较大客体，提出了连续率、简洁率、相似率、熟悉率等法则。而启发式是一种经验法则，为人们提供了解决问题的最佳推测方法，通常与问题解决、推理和决策联系在一起。

在完形心理学家看来，如何解决一个问题，涉及对问题表征的重组和重构。问题在头脑中是如何表征的，首先要知道问题本身是如何呈现的。完形心理学的中心思想就是，头脑中表征问题的方式会影响问题解决的效果。对此，完形心理学家将改变问题表征的加工称为“重构”。此外，完形心理学家还认为重构与顿悟是联系在一起的，并强调顿悟的重要性，他们所提出的问题解决方案大多包含顿悟的过程，即突然之间发现能够解决问题的关键要素。

需要注意的是，在问题解决的过程中有一个主要障碍——固着。只关注问题特定方面的倾向性会阻碍人们找到解决方案。将一个客体的使用方法限定在熟悉的用途上称为“功能固着”。此外，固着还表现在心理定势，即一种受过去经历或经验影响，关于如何着手处理问题的先行观念。

问题的解决过程，其实也就是信息的加工过程。认知心理学就曾以计算机来类比学生的内部心理过程：计算机接受符号输入，进行编码，加以决策并将之存储，提供符号输出；学生接收信息，编码和记忆信息，加以决策，变换内部认知状态，并将这种状态编译成行为输出。计算机与认知过程的这种类比，体现了计算机和学生在信息加工过程中的相似性。对此，可以通过分析问题的空间结构、改变问题的陈述方式、应用类比等方式改进信息的加工。

（1）分析问题的空间结构。搜索问题空间对于问题解决来说是必需的，而指导搜索的一种方法就是采用“手段—目的”的分析策略。“手段—目的”分析的首要目标是减少初始状态的距离，通过设立多个子目标（中间状态）逐渐接近最终目的。

（2）改变问题的陈述方式。问题的解决，需要的不仅是问题空间结构的分析，还需要意识到问题陈述方式的重要性，因为陈述方式会影响问题的难度。

（3）应用类比解决问题。在解决一个问题时，不妨考虑一下此前解决的问题中是否有和新问题相似的地方，并问自己能否把同样的方法应用到眼前这个问题。

此外，提倡创造性地解决问题。想必大多数人会同意“创造性”体现于创新思维、新想法的诞生或是建立已有观念和新事物之间新的联系。而这样的创造性思维自然与另一种思维方式相关联——发散思维，即包含大量潜在“解决方案”而没有“正确答案”的开放思维。

除了解决问题，思维还应用于推理和决策，包括演绎推理和归纳推理。而阅读教学主要是为了问题的解决，不同的问题表征会带来不同的阅读效果，因此，很多时候需要教师帮助学生进行问题的重新表征和重构，在解决问题前，尝试去理解问题，积累信息组织的方法，通过建立多个子目标的问题空间、改变问题陈述方式、应用类比等方式创造性地解决问题。

第二节 阅读素养与阅读动机

一、阅读素养

人类的语言活动总在一定场域内进行，语言使用的四大重要场域为个人、公众、教育、职场。个人使用语言主要是为了与家人、朋友等进行交际，参与个人社会活动。公众场域的语言使用主要是为了参与在公共场地进行的日常社会交往、娱乐活动等。教育场域的语言使用主要发生在正规学校、培训学校等教育机构。职场中的语言使用则发生在与职业相关联的场合。这四个场域对阅读能力也提出了不同要求，在教育场域中可能是通过阅读进行学习，获取知识，但在职场中则可能需要通过阅读来完成工作。这就要求对阅读素养进行定义，要培养学生怎样的阅读素养才能使他们能够胜任未来的工作，满足生活的需要，新世纪人才需要怎样的能力，答案是，人们需要具备获取、组织、理解、评价和处理信息的能力。

随着网络的发展，人们的阅读内容和阅读方式也发生了巨大的变化，许多内容不再是经过加工的优秀读物。读者需要对所读内容进行批判性阅读，知道如何从海量的信息中找到应该重点关注或值得关注的信息，即对评价信息能力的要求越来越高。因此，阅读素养应该包括获取信息、理解信息、反思信息、选择信息、评价信息等的能力，只有具备这样的阅读素养，人们才能很好地适应未来社会。

对阅读理解能力的划分主要依据以下方面：阅读文本的文体、题材、长度和复杂度、语言难度等。此外，这一框架对阅读理解能力的界定也包括了“赏析”“读懂言外之意”“评论”等字眼，表明阅读理解能力的最高境界是推理和批判性阅读，这也是构成阅读素养很重要的因素。

以培养阅读素养为目标的教学将超越对一般阅读能力的培养，使阅读不仅仅停留在对文本表面文字的理解上，而是强调读者为了不同的目的而阅读，强调他们对文字信息的理解、使用和反思，强调读者通过积极主动的思考和与文本的互动来获取信息，不论是为个人还是为公众事业，为学习还是为工作，他们为自己成为积极的公民和终身学习者而进行阅读。阅读素养是人们通过阅读不断发展的知识、技能和策略，这种发展也离不开人与人之间的互动与交流，这种发展是终身学习的结果。阅读素养重视读者在阅读文本过程中的积极作用。读者不是被动接受文本内容或其所传递的信息，而是积极主动地建构意义。阅读的目的不再只是受教育或找工作，还包括一些非功利性的目的，如丰富阅历、陶冶情操。阅读是人生获得成功的前提条件。阅读技能包括把握大意、抓细节信息、归纳总结、预测、分析关系等，这些技能在日常生活中也一样重要，因此，如果学生能够顺利将这种技能迁移到学习、工作和生活中，那他们的人生也会获得成功。此外，阅读也是学好其他课程的前提条件。人们不会仅仅为了读书而读书，阅读往往是获得教育和自我发展的重要工具。

二、阅读动机

（一）动机的认知

动机是影响阅读的关键因素。教学中常见课前学生不预习、课上学生懈怠、阅读材料不能引起学生的兴趣、课后学生不能开展自我阅读的现象，这些都是缺乏动机的表现。

1. 动机的问题

动机问题一直是教学的核心问题，因为缺乏应有的动机驱使，就没有学习动因和兴趣，学习也就如同毫无胃口的进食。人们习惯于把对缺乏动机学习者实施的教学形象地比喻成“厌恶疗法”。激发学生的动机因此成为教学的首要任务。然而，对于动机因素，人们的看法却不尽相同。有人习惯于把动机看作兴趣，认为对学习感兴趣就是有学习动机；有人习惯于把动机等同于内驱力，也就是说促进学习者学习的动力。其实，兴趣只是动机的表现形式，内驱力或者说欲望是动机的诱因，真正的动机包含四个方面的内容：①学习者必须有学习的动力与欲望，并且做出学习的决定；②在学习活动中必须表现出浓厚的兴趣；③学习者必须能够付出应有的努力；④学习者的兴趣与努力必须能够维持。换言之，动机其实是引起和维持个体的活动，并使该活动朝向某一目标进行，以满足个体需要的内部动力。要判断学生的学习动机如何，不能只看学生是否对学习感兴趣、是否有学习的欲望，更要看学生参与学习活动的情况、其兴趣与精力的投入是否能够持久。

2. 动机的分类

从动机的分类来看，人们多把动机看作一种内驱力。例如，内部动机一般指学生对阅读材料本身比较感兴趣，或者说对英语本身就感兴趣，对阅读也自然感兴趣；而外部动机与工具型动机类似，指学生可能为了某种外在的需求而阅读，比如，考试前为了应试而做阅读训练就属于外部动机或者工具型动机。如果阅读的目的只是提高自己的阅读技能，或者是因为课程要求，或者只是因为是作业，而不是出于对阅读本身的兴趣等，那么，阅读自然就属于工具型阅读。但是就阅读而言，还有一种欣赏型动机，指对阅读感兴趣，或为了娱乐、为了了解异国文化等目的而阅读。

动机的分类，是因为动机不同、阅读方式不同，阅读的效果也不同。受外部动机或者是工具型动机驱使的学生，其对阅读内容的理解一般停留在表面，他们所关注的更多是事实和细节，而不是主旨大意、作者的意图、文章的逻辑关系等；而内部动机阅读者的信息加工层次较高、理解较深刻，所以，高层次阅读更需要内部动机。动机的强弱与阅读能力呈正相关，其中欣赏型阅读动机与阅读能力的相关性要高于工具型阅读动机。阅读教学因此应激发学生对阅读本身的兴趣，促成欣赏型动机的形成。

3. 动机的影响因素

要激发学生的阅读动机，就有必要了解影响其动机的因素。一般而言，影响学习者阅读动机的因素可以分为个人因素、材料因素、环境因素和教学因素。

（1）个人因素。学习者自身对阅读的兴趣是影响阅读的首要因素。学习者对阅读的态度、对阅读作用的认识、对阅读重要性的认识是影响积极或消极阅读态度形成的最主要因素。如果学生能感受到阅读在其现实生活、未来工作、娱乐消遣中的作用，而不只是升学的需求，其阅读的内部动机有可能增强。很多情况下，教师过多地强调课程要求，强调阅读在中考、高考和四、六级等考试中的重要性，侧重技能的讲解与训练，忽视了阅读在课程以外的应用、在现实生活中的应用，因此难以培养学生良好的阅读态度。

学生对成功和失败的归因是影响其学习态度的主要因素之一。对于阅读中的失利，学生有可能将其归咎于能力、努力程度、运气、阅读任务的难易程度等各种各样的因素。而经常遭受挫败的学生往往将自己的失败归咎于不可控因素，如自己内在的能力；或者是自己无力改变的因素，如运气。在这种情况下，学生往往会开始怀疑自己的能力，从而丧失阅读的动机。如果学生长期经历失败挫折，就会陷入无助，致使面对阅读任务时紧张、焦虑，甚至出现拒绝参与课堂阅读活动、不完成课前预习任务等情况。

（2）材料因素。阅读材料是影响阅读的一个重要因素。如果阅读材料不能激发学生的阅读兴趣，学生不仅可能表现消极，并且有可能拒绝参与。过半数的学生认为对阅读影响最大的因素是阅读材料本身，而大部分学生认为最不堪忍受的是阅读材料的枯燥乏味。随着学生语言水平的逐步提高，阅读量不断增加，阅读兴趣也会从纯语言学习性阅读逐步发展到应用性阅读，学生更加关注阅读材料的内容，阅读材料的题材和内容也因此更为关键。尽管教材编写者在选择材料时也都努力选择与学生经历相关、能够激发学生兴趣的语言材料，但是，由于教材编写自身的缺陷，其中的阅读材料往往难以激发学生的兴趣。这就要求教师能够根据课程话题要求调整教学材料、增补教学材料，以减轻课程材料对学生阅读兴趣的影响。

材料的话题会影响学生的阅读兴趣，材料的文本语言也会影响学生的兴趣。材料太难，超出学生的语言水平太多，挑战性太大，则无法激励学生阅读。很多学困生不能完成阅读作业、不参与课堂阅读活动都与阅读材料难度有关，在小学、中学和大学都是如此。另外，如果材料过于简单，缺乏应有的新语言、新信息，同样无法激发学生的阅读兴趣。

文本的特征还包括文本的连贯性、鲜明性等。连贯性和鲜明性较强的材料更容易激发学生的兴趣，结构良好的阅读材料比结构不良的阅读材料更有趣。

图式同样会影响学生的阅读兴趣。当学生的知识经验中缺乏与阅读材料相关的知识时，就会认为文本无趣。所以，选择与学生的生活经历相关的材料十分重要，这也从某种程度上证明了激活相关图式的重要性。随着教育技术的发展，阅读媒介不只限于印刷材料，多媒体电子出版物、超文本材料越来越丰富，阅读也开始从传统的封闭性、单向性、静止性文本阅读向开放性、互动性、参与性的超级文本阅读转变。公交车上、地铁里，甚至是课堂上，经常可以看见学生翻动手机、电子阅读器等上的页面进行阅读，学生花在电脑前的时间也远远多于在书本前的时间。电子阅读以其独特的魅力开始为越来越多的年轻人所接受和喜爱。

网络图书的出现也在挑战传统的纸介阅读。网络图书对学生阅读态度的改变具有显著的影响。这种新颖的阅读媒介激发了学生的好奇心，提高了其阅读兴趣。尽管随着时间的推移，新鲜感会减弱，但是由于学生阅读的投入，其理解能力增强、水平提高，学生确实感到了英语阅读的快乐，这从某种程度上也促成了对阅读的积极态度。

(3) 环境因素。环境包括家庭环境、学校环境和社会环境。父母对阅读活动的态度、教师对阅读活动的态度以及社会潮流对学生的阅读都会产生不同程度的影响。环境同样包括学习者所在的群体。学习者的态度是受其所在群体行为影响的，尤其是其朋友、偶像的行为。如果周围的同学、朋友都喜欢阅读，如果所崇拜的偶像都具有良好的阅读习惯，这对学生阅读动机的培养将具有积极的引导作用。除此之外，良好的阅读氛围同样有助于阅读态度和阅读动机的培养。学校是否具有良好的阅读文化氛围，是否为学生阅读提供了应有的资源，教师是否能为学生提供课内、课外指导，所有这些都会对学生的阅读动机产生影响。

(4) 教学因素。课堂教学的开展同样是影响学生阅读的重要因素之一。如果学生不能从阅读教学中获得其所期望的东西，对课堂教学缺乏信任，就不会主动与教师配合，不会积极参与课堂活动；如果教学不能达成其课程目标，不能培养学生的基本阅读技能，就会挫伤学生的阅读热情，阻止其进一步阅读的努力；如果教学不能给学生带来快乐、不能帮助学生获取其想了解的信息、不能帮助其达成阅读欣赏的目标，学生也许就会不积极参与课堂学习。

（二）阅读动机及其研究领域

阅读动机也包括四个方面：①学生要有阅读的欲望、阅读的动力、阅读的需求；②学生在阅读中应该能够体验快乐，表现出浓厚的兴趣；③学生应该能够积极参加阅读教学活动，课外能够主动获取资源、开展自我阅读，换言之，学生应该具有阅读主动性和自主性；④学生对阅读的兴趣、努力不能是暂时的、短暂的，应该表现出持久的兴趣和热情、能够做出持久的努力。

关于动机的理论和动机框架也有很多不同的观点，如经典动机理论的融合性与工具性动机、内部动机与外部动机，以及语言层面、学习层面、学习情境层面的外语学习动机构成模式。主要以自我效能感、目的以及社会影响来研究。首先，自我效能感主要指人们对自己能力的认识和认同。人们会据此来决定是否愿意从事某项工作，是否能够付出巨大努力，是否能够坚持。就阅读而言，如果学生认为自己在阅读方面有潜力、有能力，那么，他们会更有可能愿意读书、多读书等。其次，人们做事的目的包括对这件事的价值判断（比如，是否有趣、是否重要、是否有用等），内部动机和外部动机，以及所追求的终极目标等。内部动机指因为对事情本身感兴趣而去做，外部动机则指为外界的原因而去做。也有研究者把动机分为表层动机和深层动机：表层动机通常与个人的前途直接相关，动力来自外部；深层动机一般不与学习者个人的前途和经济利益发生直接的联系，学习动力来自对英语语言或文化本身的兴趣。这其实与外部动机和内部动机意思差不多。终极目标又分为表现和学习两种，有的学生努力学习是为了表现好，得到别人的夸奖，而有的学生则是为了学习某些知识，获得某种能力提升。总而言之，对事情的价值判断、做事情的理由和所追求的目标都是影响动机的重要方面，如果人们仅仅有很强的自我效能感，相信自己有能力去完成一件事，但不知道自己为何要做这件事，那可能也不会去努力投入。最后，社会影响，这主要指学习者的家庭及社区环境、社会风气、社会交往对他们的影响等。

1. 阅读动机的类别

就阅读而言，阅读主要有三种动机：为寻求乐趣，为深入理解，为获取信息。但是，这种分类似乎较为狭义，只是考虑到了阅读的目的。另有学者研制出了阅读动机问卷，这一研究工具成为研究阅读动机的重要参考手段。将阅读动机分为 10 种：①阅读效能感（对自己阅读能力的评价）；②挑战力（对难度较大的阅读材料的看法）；③好奇心（对阅读及其内容是否感兴趣）；④阅读心理（与文本间如何互动）；⑤重要性（对读书的重要性的看法）；⑥被认可度（是否希望因阅读受到表扬）；⑦成绩（是否为了成绩而读）；⑧社会（周围环境对自己的影响）；⑨竞争（是否希望比别人做得好）；⑩服从（是否为了完成任务而读）。

这 10 种又可以归为三大类：第一类阅读动机包括①②，换言之，读者如果觉得自己在阅读方面能够做得很好，愿意挑战有难度的阅读材料，也不回避阅读活动，那么他的阅读动机就高。第二类包括③④⑤⑥⑦⑨。这一类别和内部动机与外部动机相关。③④⑤属于内部动机，学生阅读的动机源自自己对阅读这件事情本身的热爱，阅读可以让他们获得成就感。⑥⑦⑨属于外部动机，学生阅读的动机来自外界对他们的肯定，他们希望通过阅读获得赞美，或者在阅读方面比别人做得好。第三类包括⑧和⑩。学生阅读的动机来自周围环境的影响，他们希望将读到的内容与朋友和家人分享，或者是为了迎合他人的期望而认真读书。

此外，内部动机对阅读能力比较弱的学生有很重要的作用。虽然这些学生阅读理解能力比较弱，但他们有很强的内部阅读动机，这种强大的动机可以使他们以坚强的意志面对阅读困难，从而使自己在阅读方面获得很大进步。阅读能力弱而内部动机也不强的学生，则有可能对阅读这件事情感到厌烦，他们的阅读能力因此越来越差。学者们在后来的研究中似乎更加关注内部动机和外部动机。

2. 阅读动机的研究领域

与阅读动机相关的研究领域关注了两个方面：①阅读态度；②阅读兴趣。

（1）阅读态度。阅读态度即对阅读这件事情的感受，这种感受会对人们的阅读行为产生很大的影响。影响因素归为三类：①阅读结果。通过阅读可以有所收获，收获和付出的努力相比是否值得。②他人期望。别人是否希望多读书，是否愿意为了得到别人的赞许而读书。③具体阅读任务。有些任务可能比较有趣，有的则可能没有意思，这三个因素影响了人们阅读态度的改变，可能会激励人们更加积极主动地去进行阅读，也可能让人对阅读失去信心和动力。阅读态度积极向上的孩子更愿意多读书，因为他们享受到了阅读的美好。对母语阅读持有积极态度的学生会将这种积极的态度迁移到英语阅读中，即使英语水平暂时比较薄弱，他们还会继续英语阅读，而这种阅读会帮助他们在不久的将来提升阅读水平。

（2）阅读兴趣。阅读兴趣和内部动机相关，是读者发自内心地对阅读有兴趣，希望通过阅读去了解某些知识或内容。人们都说兴趣是最好的老师，阅读能力的提高与阅读兴趣也有着十分密切的联系。在中国的语言环境中，绝大部分外语学习者所需要的应该是阅读能力，外语阅读教学中对学习者情感因素的控制和引导是教学成功的一个重要因素。学生对外族文化、阅读材料内容、练习内容的兴趣等都能使其阅读时处于最佳的心理状态。

阅读兴趣可以提升阅读理解能力。在学生阅读后，为他们提供能够动手参与或观察和思考的任务和活动，可以有效提升阅读兴趣和阅读理解能力。阅读兴趣的增强有力地推动了阅读理解，但反过来，阅读理解的提升并不意味着阅读兴趣的增加。所以，阅读教学中最重要的应该是兴趣的培养和读者的参与。

以上这些观点都值得认真思考和借鉴。现在也提倡推动学生阅读，但教师需要设计好的教学方法和活动，让学生感受到阅读的乐趣，从而获得长期阅读的兴趣和阅读动机。总体而言，阅读兴趣对阅读能力的发展有着极为重要的影响，而阅读兴趣的培养可以通过为学生选择有趣而合适的阅读材料，设计参与、观察、思考等有趣的教学活动，培养有效的阅读策略，以及端正良好的阅读态度等多种手段来实现。

（三）激发阅读动机的常见方法

激发阅读动机是教学有效性的保障。如何才能激发学习者的阅读动机，是每位教师都应该关注的问题。常见的动机激发方法如下：

1. 了解阅读的真实目的

每一个阅读者都有一定的目的，具有独特的阅读风格，并且阅读目的和风格随着阅读进程的推进而改变。通常可以将阅读目的分为七类：①跨越空间的交际；②跨越时间的交际；③处理复杂问题；④使生活经历有意义；⑤寻找乐趣；⑥消磨时光；⑦填充文化角色。但是，学生为何要阅读，其阅读目的是因为对课程感兴趣，对阅读感兴趣，还是只是为了完成学业或考试而不得不读，如果是后者，即为了工具型目的而阅读的学生，当其学业成绩很差，不能看到未来的希望时，便会放弃外语学习，也自然就会放弃阅读，不管教师如何管理和评价。

现实生活中人们的阅读却不同，人们会查阅招聘广告、浏览购物信息；会读报纸、浏览网络了解体育赛事信息；会看时政要闻、看娱乐新闻；会读小说、阅读文学作品。阅读是人们生活的一部分，是生活、工作、与人交流、自我发展的必需手段。如果能把阅读变成一种生活需求、娱乐需求、交流需求，如果阅读能成为学生展示自我的方式，那么就可以激发其更大的阅读欲望和热情。

2. 创建阅读期待

由于价值取向的不同和个性需求的差异，人们的阅读期待也表现出不同程度的差别。因此，阅读教学必须考虑到学生的不同需求，创设阅读期待。

（1）做好需求分析。在开展阅读教学之前，教师有必要了解学生的阅读动机、阅读基础和相关图式。动机不同，喜欢的阅读任务不同；语言基础不同，所能胜任的阅读任务也不同；学生缺乏阅读应有的图式，就不会对阅读感兴趣。因此，在设计阅读活动、布置阅读任务之前，必须做好需求分析，分析学生的语言基础、图式、兴趣爱好、学习动机以及阅读习惯。

（2）寻找阅读与生活的联系。很多情况下，如果能把阅读与生活联系起来，学生就有可能对阅读更感兴趣。在布置阅读任务时，教师可以分析阅读材料与现实生活的联系，尤其是与学生生活的联系，寻找生活中的阅读动因。例如，购物海报、公司简介、环境问题、健康生活的话题等都能从生活中找到接口，历史、地理、文化、人物等话题同样可以找到生活中的切入点。

（3）布置非课程内容阅读。课前的阅读未必是教材内容的阅读。有时，可以让学生阅读与课文材料相关的内容，这样可以起到图式准备的作用，又不至于影响课堂阅读教学，避免因部分学生没有预习而无法开展某种活动的问题。

（4）布置任务型阅读任务。阅读如果是为了真实的目的，而不是简单地应对课程要求、不是机械的技能培养和语言学习，就更容易激发学生的兴趣。如果阅读活动是根据故事表演短剧、根据说明制作操作图、为某产品制作网页广告等，也许更能激发学生的阅读欲望。

(5) 开展内容本位阅读。如果阅读不以技能培养和语言学习为目标，而是为获取信息、学习知识，则更容易激发学生的学习兴趣。阅读技能需要培养，语言能力也需要发展。但是，如果学生缺乏兴趣，没有阅读的动机，即便按时到课堂学习也缺乏效率。而内容本位的阅读可以创设阅读期待，如果学生对材料中的信息感兴趣，就拥有了阅读的动力。

(6) 变换阅读媒体。视觉是最难满足的感官，只是白纸黑字难以满足学生的感官要求，尤其是在基础教育阶段。如果教师能够变换阅读媒体，增加基于多媒体技术的阅读，不仅可以带来视觉效果的变化，还可以带来感官的愉悦，也自然可以增进学生的阅读欲望。如果有条件，课堂教学中教师可以为学生提供网络阅读、视频阅读的机会。

(7) 教学中创设期待。很多情况下，学生的阅读兴趣要靠课堂激发。只是让学生通过阅读回答问题、判断正误、选择填空、填写图表，是难以激发学生的阅读欲望的。教师要在分析学生需求的基础上通过各种手段创设信息差、提出问题，激发学生的好奇心、求知欲和应对挑战的欲望，从而激发学生的阅读欲望。

3. 让学生体验成功

让学生体验成功，让学生感受到努力的成就，会激发学生阅读的积极性。阅读教学最好遵循成功定向的教学原则，避免挫折教育。通常，教师可以从以下方面着手，保证学生体验成功：

(1) 过程设计循序渐进。任何课堂都是由一系列活动组成的，过程设计也因此必须注意每个阶段的活动对认知的要求，做到由易到难，要求由低到高，由信息识别到理解，再到应用。如果有正误判断、回答问题、图表填充等活动，一般情况下应该是先做正误判断，再做图表填充，最后回答问题。教学中经常看见这种现象：教师导入阅读后的第一个活动就是回答问题，结果是很多学生不能回答。其实，作为第一个活动应该侧重理解，应该采用输入型表达方式，而不是输出型。课文必然涉及新的语言，在学生还没有掌握新语言之前让他们口头回答问题显然超出了学生的能力。即使学生能够理解，也未必能够使用新学语言表达，因此，第一个活动采用回答问题的方式违背了循序渐进的原则。长此以往，很可能挫伤部分学生的积极性，削弱他们的阅读动机。

(2) 适当搭建支架。课堂教学要求活动前后相关，前面的活动为后面的活动做准备，换言之，前面的活动应该能够为后面活动的开展提供支架。活动所提供的支架可以是图式方面的、技能方面的，也可以是策略方面的，视活动的要求而定。

（3）根据学生的学习风格和多元智能设计活动。阅读活动必须关注学生的学习风格和多元智能。理解的表现形式很多，可以要求学生转述信息、回答问题、填写表格、进行匹配、判断正误、选择填空等，但是这些都需要学生具有一定的语言基础。但是实际上并不是所有的学生在语言智能方面都占优势，有的学生音乐智能比较突出，有的学生绘画智能比较突出，有的学生观察智能或行为智能比较突出。在设计理解活动时，应该适应学生的多元智能，可以让学生通过绘画、行为、表演、音乐等不同方式展示自己的理解。

（4）增加教学评价的选择性与开放性。既然学生的语言基础不同，对文本的理解也自然存在不同程度的差异，通过45分钟的教学所能达成的目标也会表现出不同程度的差异。为此，教学评价要注意活动的开放性和选择性，以便让每个学生都能展示自己的阅读效果。例如，教师可以利用档案袋等评价方式，让学生看到自己的进步。即使整体阅读水平没有显著提高，但如果学生可以感受到自己在某一方面的进步，同样可以让他们看到自己努力的结果，满足实现自我的需求。

（5）增加活动的合作，减少竞争。课堂教学中要多设计合作性活动、少设计竞争性活动，避免因竞争给学困生带来的挫败感。除此之外，教师应该提供一系列娱乐性的阅读活动，让学生感受阅读的快乐，而不是只要求学生回答一系列的问题，只把阅读作为一种学习的需求。

4. 选择适合的阅读材料

阅读不应只是对教材文本的阅读，仅有教材提供的素材难以培养学生应有的阅读能力。教师应根据阅读的目的调整阅读材料、增加阅读材料，因此，材料的选择是教师必须关注的课题。一般而言，材料的选择可以从以下方面着手：

（1）以学生的兴趣为基础。读者自身的兴趣应该是阅读材料选择考虑的首要因素，学生对阅读材料是否感兴趣，将直接影响到学生的阅读效果。趣味性强的材料有利于激发学生的阅读欲望，有利于调动学生的各个器官，帮助学生快速地进入最佳阅读状态。因此，选择阅读材料时应首先考虑趣味性，为学生创造一个轻松愉快的学习氛围。虽然教学以课程学习为主，但是教师需要选择适当的阅读材料以弥补教材的不足，满足学生的多元化要求，而不能只关注材料本身是否能够培养课程所要求的能力。

（2）以学生的图式为基础。材料的选择必须以学生的图式为基础，分析学生是否了解相关话题知识、背景知识，是否具有完成阅读任务所需的语篇和策略知识。在选择材料时既要选择与学生的图式相关的材料，又要保证材料文本具有一定的未知性、新鲜感，否则也难以激发学生的兴趣。

(3) 鼓励学生自己选择材料。要保证材料的吸引力可以采用“学生选择”的方式。所谓“学生选择”包括两个方面的含义，一方面是给出多种阅读资源，让学生选择自己愿意阅读的材料，然后教师根据学生的选择设计相应的阅读活动；另一方面是完全由学生自己选择材料，自由阅读。如果用于课堂，可以在话题、内容或文体方面设置相关要求，然后让学生自己检索自己感兴趣的材料，课堂活动的设计基于学生的这些课外阅读即可。

(4) 利用现代科技。鉴于学生对电子阅读、网络阅读的喜爱，在材料选择时应该注意信息技术的应用。除适当选择电子阅读材料之外，可以借助网络资源，充实课堂阅读教学的内容；借助信息技术创设情境，引起兴趣；利用信息技术演示情境，保持兴趣；利用信息技术再现情境，提升学习兴趣。

5. 减轻学生的焦虑

过度焦虑往往是影响学生学习的主要因素之一。焦虑就像一张过滤网，阻碍着学生的信息吸收和理解。焦虑度过高，过滤网过密，学习者所能获取的信息就会减少。阅读中造成学习者焦虑的因素有很多：阅读材料可能给学生带来焦虑，学习环境可能带来焦虑，教师的教学同样可能给学生带来焦虑。

如果阅读材料过难，生词超过了5%，造成理解障碍，就可能给学生带来焦虑。学生对文章结构、风格不熟悉，也会产生焦虑。例如，学生习惯于故事类的阅读，而对于科普、地理类的说明文往往会有畏难情绪。又如，如果文章中出现了很多学生不熟悉的人名、地名，尤其是很长的人名或地名，也会带来阅读焦虑。

环境对焦虑的影响主要涉及周围人群对阅读的态度、教师对学生失败和成功的态度等。如果教师给学生的冷眼和批评较多、要求过于严厉，同样会造成焦虑。另外，如果课堂活动总是过难，学生难以完成，教学不能让学生体验成功，也会造成焦虑。

6. 把课堂与生活相联系

只有当学生把学习内容与现实生活联系起来才能真正了解、掌握它。要让学生认识阅读的价值、发现阅读的作用、正确认识阅读，就需要把课堂学习与生活联系起来，让学生在现实生活中寻找其所读内容的载体与应用。

虽然教材中的材料很少是生活中的真实材料，但是，其话题的相关性为课堂内外联系的构建提供了线索。教师可以结合话题让学生寻找生活中的图文，或者给学生提供生活中的图文，如告示、海报、新闻、故事、话题等；可以让学生寻找课程材料在现实生活中的体现，教师也可以呈现生活中的实体，让学生感知所读材料与现实生活的联系。学生可以阅读类似的海报信息、招聘信息、新闻故事，根据阅读材料判断生活中人们的饮食习惯是否健康，通过调查社区服务、采访相关人员了解人们对低碳出行的看法等。教师同样可以把阅读设计成学生交流的平台，或者与其他学校、国外学校交流的平台，如此，阅读就成了学生传达信息、交流感情、建立友谊的工具。如果能把技能培养变成信息获取、情感交流，把课程学习融入现实生活，就可以帮助学生更清楚地认识阅读的价值，培养良好的阅读态度。

7. 构建阅读文化

良好的阅读氛围有助于阅读态度和阅读动机的培养，而构建阅读文化对阅读氛围的构建起着十分重要的作用。所谓“阅读文化”不是对文化的阅读，而是指“人们一起为培养学生良好的阅读行为而努力，学生以一种良好的心态积极阅读、欣赏阅读”的局面。就学校教育而言，阅读文化的构建远比让更多的学生达到课程阅读的要求重要。

阅读文化的构建需要学校、教师、社区、家长和学生的共同努力。学校需要规划阅读文化构建的目标，理解支持英语阅读文化构建。教师要有文化构建的理念，选择能够激发学生兴趣的阅读材料，关注学生的个性需求，合理实施教学和评价，激励学生阅读、树立阅读楷模、培养良好的阅读习惯，形成每个学生都读书、每个学生都快乐、每个学生都发展的阅读文化。

8. 丰富阅读资源

阅读文化的构建需要丰富的阅读资源。如果学生所能获得的阅读材料只是课程材料，那么就无法形成浓厚的阅读文化氛围，也就难以培养良好的阅读态度和阅读动机。阅读资源的构建可以从三个层次做起：学校、班级和个体。学校图书馆要有丰富的适合学生阅读的各类图书、报纸、期刊和电子、网络资源，班级可以根据学生的兴趣和多元智能，构建班级图书角或者读书架；同时鼓励、指导学生构建自己的小书架。只有阅读资料丰富、获取便利，才能促进学生的阅读。此外，学校可以构建阅读角，开拓室外阅读空间，鼓励学生阅读。

9. 加强指导课外阅读

除课程学习之外，教师应鼓励、指导学生进行课外阅读。课外阅读的方式很多，可以是参与课程材料相关的阅读项目，也可以是布置开放性的阅读任务。

如果希望课外阅读服务于课程教学，可以设计阅读项目。所谓项目是一种以“创设出某种作品”为最终结果表现形式的学习任务，阅读中的项目不以培养学生的阅读技能为目标，而是通过项目的学习培养学生信息检索、组织与应用的能力，培养学生的沟通、合作和研究能力。基于阅读的项目有很多，可以在各个层次开展。初学阶段，学生制作海报、名片、菜单、秩序手册等；中级阶段，学生根据要求制作各种模型，为社区制作服务手册、健康手册，为公司制作宣传海报等；还有短剧表演、视频制作、社会调查、动画制作等，这些都属于项目。项目的成品可以是实物，如模型、宣传册、海报等；可以是演示品，如幻灯片、网页等；也可以是表演。项目一般以小组为单位开展，可以和所学课程紧密相联，基于课程话题、主题等开展；也可以不与课程相关，如每个学期布置班级各学习小组完成一个项目。要求学生阅读相关材料时，教师可以根据具体要求，帮助学生了解、分析所读材料。

第三节　大学英语阅读教学实质与提高方式

一、大学英语阅读教学实质

目前，大学英语教学主要集中在听、说、读、写这四个部分的教学。在这四个部分中，考虑到阅读理解在考试中的分值比重以及阅读理解对学生英语素质的重要性，阅读教学成为大学英语教学的重点内容。为了达到大学英语教学目标并满足提升学生阅读能力的需求，大学英语教学应将主要精力放在阅读教学上。从这一角度来看，在大学英语中我们应重点做好阅读教学工作并深入分析阅读教学特点，制定具体的阅读教学策略，保证阅读教学得到有效开展，达到英语教学的基本目标。

（一）大学英语阅读教学的重要地位

阅读教学是大学英语教学的重要组成部分，对提高英语考试成绩，提升学生的英语素质和整体英语技能具有非常重要的作用。为此，我们必须认识到阅读教学在大学英语教学中的重要地位，努力推动大学英语阅读教学的开展，保证大学英语教学的阅读教学取得突出的成绩。目前来看，大学英语教学中阅读教学具有重要地位，主要体现在以下方面：

第一，在大学英语教学大纲中，阅读教学具有重要地位。目前，大学英语教学大纲对阅读教学做了明确的规定和说明。现有的大学英语教学大纲规定：“培养学生具有较强的阅读能力，使学生能以英语为工具，获取专业所需的信息”，这是对英语阅读教学细化的规定和要求，体现了大学英语对阅读教学的重视。由此可见，大学英语教学中比较重视学生阅读能力的培养，将阅读教学当成培养学生阅读能力的重要手段。

第二，在大学英语教学目标中，阅读教学具有重要地位。在大学英语教学发展中，考虑到教学目标的现实需要，在重视阅读教学的同时，不仅要对阅读教学的重要地位有足够的认识，还要根据教学目标制定具体的阅读教学策略，保证阅读教学能够得到有效的开展。

第三，在大学英语教学能力提升计划中，阅读教学具有重要地位。目前，许多大学的英语教学根据英语教学大纲和英语教学目标，编制了详细的并具有可操作性的英语教学能力提升计划，将培养学生阅读能力和英语综合运用能力作为大学英语教学的重点任务。在这一过程中，阅读教学的重点地位得以凸显。所以，我们只有认识到了阅读教学的重要地位，才能保证阅读教学的顺利开展，才能保证大学英语教学能力提升计划取得成效。

第四，在大学英语教学体系中，阅读教学具有重要地位。在大学英语现有的教学体系中，主要包含四个方面的内容：听力教学、口语教学、阅读教学和写作教学。从大学英语考试的角度进行分析可知，这四个方面的教学阅读教学占有的分值最高，对学生的英语能力要求也最高，在开展时的难度也很大。由此可见，在大学英语教学体系中，阅读教学具有重要地位。正是考虑到阅读教学在大学英语教学体系中的重要地位，我们应该在教学过程中，充分认识到阅读教学的必要性和重要性，提升阅读教学的实效性，保证阅读教学能够得到全面有效的开展，从根本上提高大学英语阅读教学的最终效果。

（二）大学英语阅读教学中的常见关系

大学英语阅读教学中的关系探讨主要表现在以下方面：

1. 词汇与阅读的关系

词汇是阅读的基础，而通过阅读也可以巩固词汇。在阅读中，往往词汇量大的学生会提前完成并能够理解文章的内容，回答问题的准确率也较高。因此，学生应不断在阅读中扩充词汇量，并且在背单词后紧密联系阅读材料来巩固所学的单词。把单词和阅读结合起来，才能形成有机而协调的统一。而且，背单词和阅读的结合可以形成一种动态的平衡，这种滚动式和螺旋式的发展方向正是提高英语阅读技能所追求的目标。

从目前大学生在英语方面的词汇量来看，词汇量是制约大学生阅读能力提高的重要因素。按照大学英语教学大纲的要求，每一个学习阶段所需掌握的词汇量是不同的，要达到英语等级考试，必须在词汇量上满足相应要求。同时，只有学生的词汇量丰富了，才能有效理解阅读理解文章的内容，从而在答题时能够明确问题，做到有的放矢。基于这一认识，我们在大学英语教学中，要认清词汇和阅读的关系，要将提高学生的词汇量当作重要的教学目标，从根本上促进学生词汇量的提高，满足阅读理解的需要。

2. 背景知识与阅读的关系

完善背景知识、扩大知识面和健全知识结构是全面提升阅读技能的根本保证和出路。学生的背景知识一旦被激活，在阅读中将会产生极大的作用。即使语言再难，只要具备与文章内容相关的背景知识，阅读理解也能得到保证。背景知识在阅读中发挥的作用的确不可低估。

通过对大学英语阅读理解题目研究后发现，许多阅读理解都是从某一英文文章中摘录下来的，要想深刻理解文章内容，不但需要丰富的词汇量，还要对文章的背景知识有全面的了解。考虑到英语文化和汉语文化的差异，我们在英语阅读教学的过程中，要将英语文化背景和风俗习惯作为重要的教学内容，使学生能够对英语文化背景有较为深入的了解，促进学生英语阅读能力的提高，满足大学英语阅读教学的现实需求，从根本上促进大学英语阅读教学的开展。所以，在大学英语教学中，我们要深刻理解背景知识与阅读的关系。

3. 速度与阅读的关系

从目前大学生的阅读情况来看，阅读速度和阅读质量存在一定的矛盾，有些学生片面追求阅读速度，虽然阅读速度提高了，但是对文章的理解能力却下降了，阅读理解的题目准确率也失去了，这种单纯追求阅读速度的行为并不可取。经过一段时间的教学实验，在阅读教学中应倡导学生形成阅读速度与阅读质量兼顾的做法，要注意阅读速度与阅读质量的关系，把握阅读原则。因此，从提高阅读教学质量的角度出发，我们应认清阅读速度与阅读质量的关系，学会正确处理阅读速度，实现阅读速度和阅读质量相统一。

（三）阅读教材选择对大学英语阅读教学的影响

教师最重要的工作之一，就是为学生选择合适的阅读材料。选择学生感兴趣的，语言程度适宜的教材，提供具体的指导并策划辅助活动等手段。通过阅读，可以有效鼓励学生阅读。课内读物可以选用外研社出版的英语教材。课外阅读最好从近几年出版的原版英语出版物中选择，可以采用贴近现实生活和反映世界发展的多种话题。如当前的教育状况、科技发展、环境问题、社会文化等一系列具有现实性的话题。用精心挑选的读物来吸引学生注意力，满足他们的好奇心，从而激发他们的学习兴趣，使学生真正通过已学的语言知识，训练阅读技能，提高阅读能力；通过全面提高对英语语言文化的适应能力，形成英语学习的良性循环。从目前来看，英语阅读教材的选择对大学英语阅读教学的影响主要表现在以下方面：

第一，阅读教材的选择关系到大学英语阅读教学开展的有效性。从目前大学英语阅读教学的开展来看，只有选择了合适的阅读教材，才能保证阅读教学取得预期的效果。由此可见，阅读教材已经成为大学英语阅读教学开展的重要辅助因素，如果没有合适的阅读教材，大学英语阅读教学将很难取得积极的效果。考虑到目前大学生的英语素质和英语基础，在阅读教材的选择上，我们要本着与学生的实际能力相配套的原则，避免超出学生能力和难度过低等现象。因此，从教学有效性的角度来看，阅读教学在大学英语阅读教学中具有重要影响。

第二，阅读教材的选择关系到大学英语阅读教学的教学方向。目前，大学英语在开展阅读教学的时候，首先要确定基本的教学方向，并根据教学方向选择配套的教材，同时制定具体的教学模式和教学方法。从这一角度来看，阅读教材的选择与大学英语阅读教学的方向选择息息相关。为了保证大学英语教学取得积极效果，我们必须根据教学方向来确定阅读教材的种类和内容。基于大学英语教学的现实需求，我们在阅读教材的选择上必须耗用较大精力，不但要保证阅读教材的实用性，还要保证阅读教材的内容符合实际教学需要。

第三，阅读教材的选择关系到大学英语阅读教学能否取得积极效果。从目前大学英语阅读教学取得的成绩来看，阅读教材的正确选择占有主要因素。正是对阅读教材的准确把握和选择，目前，大学英语阅读教学得到了有效的开展，并且取得了积极的教学效果。因此，从教学效果的角度来看，阅读教材的选择对整个大学英语阅读教学起着积极的促进作用，保证了大学英语阅读教学的有效开展。从现有的阅读教材来看，它丰富了大学英语阅读教学的内容，也提高了学生的阅读质量，对大学英语阅读教学取得预期的教学效果有着重要影响。

第四，阅读教材的选择关系到大学英语教学的整体性。通过对目前大学英语教学的了解后可知，大学英语教学具有整体性的特点，我们在开展阅读教学的过程中，要注重阅读教学与口语教学、听力教学、写作教学的衔接，保证大学英语教学的整体性。从这一角度出发，我们在阅读教材的选择上，要重点考虑阅读教材与其他教学的衔接性，保证阅读教学能够与其他教学成为有机整体，从根本上保证大学英语教学的整体性满足要求。所以，从大学英语教学整体性的角度来看，阅读教材的选择对大学英语整体性具有重要影响。

二、大学英语阅读教学效果的提高方式

阅读教学在大学英语教学中具有重要地位，要想提高学生的英语阅读能力和英语综合

素质，就要认识到大学英语阅读教学的重要性，并根据大学英语阅读教学的特点，制定具体的教学措施，全面提高大学英语阅读教学的效果，满足大学英语教学的具体要求。从目前的实际情况来看，要想提高大学英语阅读教学的效果，就要从以下方面着手：

（一）教学方向的改革与创新

1. 改革精读课教学

精读是我国大学英语教学的主要形式。传统的精读教学模式阻碍了精读教学作用的发挥。因此，要实现精读教学在提高学生阅读能力方面的作用，须改革精读课教学。即实行整体教学——教师应把课文作为整体来教，指导学生从整体入手，最终达到理解课文的深层含义。在目前大学英语阅读教学过程中，许多院校都采取了开展精读课的措施，旨在通过精读课，培养学生的阅读理解兴趣，提高学生的阅读理解能力，满足英语阅读教学的目标。但是从目前的精读课来看，现有的精读教学模式还存在一定的缺陷，在提高学生阅读理解能力方面还不够理想。因此，我们不但应重视精读课的形式，同时还应注重精读课的教学实效性，要积极创新精读课的教学模式，以学生的实际特点为主，认真开展精读课教学，促进学生阅读理解能力的提高。

2. 增设泛读课

大学英语教学中往往出现以精读代泛读的情况。众所周知，阅读能力主要靠大量的阅读实践才能培养起来，学生是通过阅读提高阅读。通过阅读，学生可以熟练掌握阅读技巧，培养灵活的阅读速度，提高阅读能力。在增设的泛读课中，教师可以讲解有关的阅读技巧，纠正一些不良的阅读习惯，进行一些基本的阅读训练，同时在教师的指导下进行集中的、大量的阅读练习，这样的训练对提高学生的阅读能力会大有益处。考虑到大学英语阅读教学的特殊性，我们不但要积极开展精读课，还要在精读课之外开展泛读课，并逐步增加泛读课的比重，使泛读课成为大学英语教学的重要形式，为提高学生阅读理解能力提供有力的支持。通过对目前大学英语泛读课的了解，我们发现在开展泛读课的过程中，要积极创新课题形式，注重泛读课的实际效果，把握泛读课的开展原则，从根本上提高泛读课的教学效果，使泛读课成为大学英语阅读教学的重要手段，促进大学英语阅读教学的有效开展。

3. 加强学生课外阅读

课外阅读的目的是通过不同的、有意义的语境，复习和运用学生已学的语言知识，训练阅读技能，提高阅读能力。通过阅读，可以丰富知识，开阔视野，提高对英语语言文化的适应能力和阅读兴趣。课外阅读的要求可以灵活，可视学生的具体情况而采取不同办法。学生可根据自己的兴趣选择阅读材料，可依据自己不同的阅读目的灵活地调整阅读速度。由于阅读是一个长期的教育过程，我们在大学英语阅读教学中，不但要重视课堂阅读的教育和训练，还要将课外阅读当作一种重要的教学形式来开展，从根本上激发学生的阅读兴趣，培养学生的阅读能力，使学生能够在阅读量上有所突破，不断提高学生的阅读品质，促进大学英语阅读教学的发展。目前来看，课外阅读已经成为大学英语阅读教学的重要补充，对提升学生阅读能力和阅读兴趣有明显的促进。因此，我们要积极做好学生的课外阅读工作。

（二）改革教学模式

改进以往以教师讲授为主的单一课堂教学模式，充分发挥现代信息技术特别是网络技术的优势，变教师填鸭灌输为学生主动学习，讲解、提问、讨论、探究、合作、表演等多种教学策略并用，让英语阅读教学活动“动”起来，提高学生的参与性和主观能动性。

（三）变换教学手段，激发学生的学习兴趣

改变传统的教学模式所要做的改革之一便是改革教学手段，网络阅读教学成为首选。网络阅读资源具有开放性、即时性、丰富性等特征，能够突破课本阅读材料的局限性，激发学生学习兴趣。此外，教师要根据不同的阅读内容采取不同的教学方法，以满足不同学生的需求。例如，在阅读故事性较强的文章时可让学生根据特定的情境和人物对话通过角色扮演表演出来，这样有助于学生领会和理解文章，还能培养学生的语言交际能力。而对于不同观点的议论性的文章，可组织学生分组讨论或者进行正反两方辩论，训练学生用英语思维和表达的能力。教师在其中起到思维点拨的作用，引导学生深入领会文本。教师用准而适当、少而精当的点拨代替一问一答或者纯讲解式的教学方式，不仅帮助学生梳理知识，还给学生亲身体验、讨论的机会，构成师生的有效互动，营造良好的阅读教学氛围，为提高教学效果奠定良好的基础。

（四）借助学习策略，扩大词汇量

死记硬背是大多数学生识记单词的方法，这种方法机械而低效，极易使学生倦怠，丧失学习信心。教师可尝试以下方法来扩大学生词汇记忆量；首先，系统归纳法。英语中有许多同义词、反义词，或者平行、伴随、搭配的关系，利用这些共同点将相关词汇进行分

类，寻找记忆规律，减轻学生负担，方便学生识记，增强学生的信心。其次，反复记忆法。收集考试阅读、课文阅读以及报刊阅读中遇到的难记易忘的新单词，寻找拼写和发音规则，根据其所在不同情境下的意义，反复背诵并隔段时间进行自测或互测，以巩固效果，加深记忆，直到熟练为止。最后，掌握构词法。英语中一个单词加上前、后缀或者词根会变成不同的形式，根据构词法的规律记忆单词能够使学生达到事半功倍的效果。

（五）拓宽背景知识，树立学习信心

语言不能脱离文化而存在，学生缺乏相关文化背景知识会影响他们对阅读文本的理解。因此，教师在教学中要对欧美文化、历史事件、风俗习惯、谚语术语等进行科普讲解，并有意识地展示中西文化的共性和差异，让学生了解英语国家特定的语言环境及文化观点等知识。这样既能调动学生的学习兴趣，拓宽文化视野，又能为他们的阅读理解扫除障碍。此外，教师可以适当增加一些课外阅读的内容，除了课文阅读材料和考试阅读材料外，适当增加与时代相关的报刊阅读、专业文献阅读等材料。

（六）训练阅读技巧，培养良好阅读习惯

阅读技巧如略读和寻读的训练对提高阅读效率是至关重要的。有时阅读一篇文章不是要读懂所有的字词句，只要掌握文章大意，找出中心句和要点所在即可。略读要求学生迅速浏览全文，了解作者意图，摸清文章脉络大意，捕捉主题句。这是阅读的技巧之一，可在短时间内掌握尽可能多的信息。寻读则是要学生带着问题有的放矢地阅读，先看问题，再扫视全文，拎出中心句，直接跳过与问题无关的内容，如一些例证、说明等文字，可提高阅读速度和准确度。

另外，教会学生根据语境来判断词义，即根据词汇所在上下文的具体情境，同时结合自己平时的知识和经验来推测和判断未知词汇的含义。或者教会学生一些基本常识或规律，如阅读材料中冒号或破折号后一般是解释前面的句子，yet、whereas、however 等词表示转折等，这就要求教师在平时讲解生词时，要提醒学生不能孤立、单纯地记单词的意思，而要在具体语篇情景中具体分析。在不同的语篇中适当运用这些技巧有助于提高学生综合应用这些猜词技巧的能力。

总而言之，英语教学要重视阅读的主导地位，提高学生的阅读能力仍是目前英语教学的主要目标，教师要不断改进阅读教学方法，使英语教学真正适应培养跨世纪人才的社会需要。

第二章 大学英语阅读教学法解析

第一节 大学英语阅读中的体裁教学法

一、体裁教学法概述

体裁教学法（Genre-based Teaching Approaches）建立在语篇的体裁分析基础上，把体裁和体裁分析理论自觉地运用到课堂教学中去，围绕语篇的图示结构开展教学活动。体裁教学法的目的有三点：①让学生了解不同体裁的语篇有不同的交际目的和篇章结构；②让学生认识到语篇不仅是一种语言建构，还是一种社会的意义建构；③让学生既掌握语篇的图示结构，又理解语篇的建构过程，从而帮助学生理解或写出某一体裁的语篇。

体裁教学法在国外有三个流派：①ESP 和 EAP 领域的体裁教学法。体裁教学法在 ESP（English for Specific Purposes）和 EAP（English for Academic Purposes）领域内十分流行。从事这方面教学和研究的人认为，“通过对专门用途英语语篇进行体裁分析，可以引导学生掌握语篇谋篇布局的机制及其文体特征”①。在进行分析时，Swalesian School 常把语步（move）和步骤（step）作为语篇分析的出发点。②新修辞学派的体裁教学法。新修辞学派指在北美从事修辞、作文研究和职业写作教学的一批学者，他们推崇体裁教学法是为了帮大学生和从事某一职业的新人了解特定体裁的社会功能和它的使用场合。这一流派对传统的 ESP、EAP 教学产生了很大影响。③Australian School 的体裁教学法。在澳大利亚，体裁教学法主要用于中小学的写作教学。在实施过程中，教师和学生共同参与一系列的教学活动，以便帮助学生掌握特定体裁的语篇图示结构，从而指导以后的写作实践。

此外，运用体裁教学法来教授阅读的目的是引导学生对特定体裁的语篇结构进行分

① 贺亚男. 大学英语阅读及写作教学研究［M］. 成都：电子科技大学出版社，2015：60.

析，并将体裁分析运用于阅读理解活动之中，从而提高阅读速度和效率，其主要教学步骤包括：①体裁分析：通过实例讨论 news story 这一体裁的“图示结构”。②模仿分析：给学生第二篇 news story，让其按上述原则进行分析。③小组讨论：给学生第三篇段落打乱的 news story，让学生按这一体裁的图示结构把它正确排序，组成连贯的语篇。④独立分析：让学生自己找一些此类体裁的语篇来分析和评价。⑤深入分析：分析这一体裁的语言和风格。⑥模仿写作：通过写作使学生更深刻地体会到这一体裁的结构特征和语言风格。

二、大学英语阅读中体裁教学法的应用

在英语阅读教学中，让学生了解并掌握不同体裁的文章有着不同的交际目的，因而有不同的语言和结构特征，会使他们在再次接触到同类体裁的文章时更自信地投入阅读中，并且，大脑中储存的相关“图示结构”使得他们很快地抓住文章的结构特征和中心思想，最终达到提高其阅读理解能力和阅读速度的目的。例如，在讲解议论文、说明文时，用“一般—特殊型”和“问题—解决型”分析模式，在讲解记叙文时运用 Lakw 的叙事结构模式，会有助于学生认识和了解语篇结构。一旦掌握了语篇结构，就等于把握了整篇文章的命脉，在阅读过程中就能成功地预见接下来的内容，也就能提高他们的阅读速度和阅读理解能力。下面就尝试用体裁教学法来教授上海外语教育出版社出版的《泛读教程 1》中的一篇传记类文章（Reading Course 1，Unit 5，Text 1：Levi Strauss & Company）。在实际教学中不是一步步按照 Swalesian Shool 所提出的阅读教学模式，而是针对实际情况有所改动。这篇课文以时间顺序介绍了牛仔裤发明者 Levi Strauss 的一段生平及他所创办的公司的发展情况。教学步骤如下：

（1）导入：教师通过几个简单的问题让学生对牛仔裤的发明者产生兴趣。

（2）体裁分析：在说出传记这一体裁之前，教师引导学生回答一些简单的有关该体裁的大体结构和语言特征方面的问题，使学生在头脑中有这种体裁的“图示结构”。

（3）阅读语篇并分组讨论分析该语篇。在这一环节，教师让学生给段落标上序号，找出表示时间的词和短语，分析该传记的语言特点和交际目的。

（4）教师对学生的讨论进行总结：这篇文章共 9 个自然段，按时间的先后顺序记录了 Levi Strauss 一段生平及他所创办的公司的发展情况。时间线索如下：In 1847—in 1850—Lat-er—Eventually—in 1873—After the 1906—During World War Ⅱ—in 1950—By the late 1960s—In the mid 1980s-Today。整个语篇有非常清晰的时间上的先后顺序，读起来一目了然。传记类体裁的语言浅显易懂，也不乏对所传之人的溢美之词。此种语言使用主要考虑

到此类体裁语篇的交际目的即让读者很快了解所传之人的不凡成就和光辉业绩。

（5）模仿分析：发给学生第二篇 Abraham Lincoln 传记类文章，让他们按上述步骤进行分析。

（6）小组讨论：发给学生第三篇段落打乱的 Reagan 传记类文章，让学生把它正确地排序，组成连贯的语篇。

（7）独立分析和模仿写作：让学生在课下自己找一些传记类文章来分析和评价，并结合自己的现实生活写一篇关于自己亲戚、朋友或自己本人的传记，使他们更深刻地体会到这一体裁的结构特征和语言风格。

运用体裁教学法进行英语阅读教学，能使学生掌握相对稳定的、可以借鉴的语篇模式，从而增加其阅读同类体裁语篇的信心和提高其阅读理解能力及阅读速度。但由于现实生活中体裁种类繁多，使得体裁教学法在英语阅读教学中的运用存在一定的局限性。但是，在学生英语阅读速度和阅读理解能力普遍偏低的今天，体裁教学法仍不失为一种很好的选择：我们通过使学生了解并掌握特定体裁语篇的“图示结构”、语言特点及其交际目的，帮助他们更好地理解符合特定体裁的语篇，从而提高他们的阅读速度和增强他们的阅读理解能力。

第二节　大学英语阅读中的任务型教学法

“任务型教学法作为新型教学方式，其在大学英语阅读教学中的运用尚处于探索阶段，仍需进一步完善和优化。”① 通过运用任务型教学法，有助于明确大学英语阅读教学目标，增加学生运用英语交流及互动的环节，切实提升课堂教学质量，增进学生对相关知识点的理解，提高学生的语言理解水平，故而在大学英语阅读教学中极具运用价值。

一、任务型教学法概述

任务型教学法（Task-based Language Teaching）于 20 世纪 80 年代在世界语言教育界兴起，多应用于英语语言教学中。在教学活动中，英语教师根据本节课程特定的交际项目，设计出具体的任务，要求学生通过不同形式的语言活动来完成任务，最终达到学习和

① 王静，李世萍. 大学英语阅读教学中任务型教学法的应用分析［J］. 海外英语，2019（5）：2.

掌握英语语言的目的。任务型教学法适合应用在大学英语的阅读教学中，它最大的特点就是学生在完成任务的过程中既可以对新学习的知识进行理解和运用，又可以对学过的知识进行巩固复习，从而实现了新旧知识的衔接，培养了学生分析阅读材料的能力。

任务型教学法在英语阅读课堂教学的应用有其特征及优点，这些都是传统英语阅读课所不能比拟的。在课堂上，教师布置任务要求学生合作完成，这有助于培养学生的合作精神和人际交往能力，激发学生学习英语的兴趣。在完成任务的过程中，学生的语言知识与语言技能相互结合，有助于培养学生综合的语言运用能力。每个学生都有需要完成的任务，这也会培养学生独立思考的能力，启发他们的想象力和创造性思维，养成良好的学习习惯。

（一）任务型教学法的构成因素

在任务型教学中，教师要设计出合理有效的任务，就要了解任务的结构。任务的结构分成五部分，分别是任务目标、输入材料、活动、师生角色和环境。

（1）任务目标。指通过让学生完成一系列的活动所要达到的目的。它不仅指学生对学习知识的掌握和提高解决某种交际问题的能力，还包括培养学生情感、态度和技能等方面的能力。值得注意的是，一项任务的目标并不都是显性的，它也可能是隐性的，并且任务和目标之间也并非一一对应关系，一项复杂的任务可能同时具有几个不同的目标，这些目标之间并不是相互排斥的关系。

（2）输入材料。所谓输入材料是指在执行任务过程中所要使用的资料。材料的形式多种多样，可以是文字材料，也可以是图画、录像、录音等非文字材料。但是这些材料都应来源于现实生活或者是反映社会生活的各个方面，这样才能体现输入材料的真实性，进而能为课堂的真实化和社会化创造条件。

（3）活动。活动是指学习者运用输入材料来做的事情。活动开展的形式是采用小组合作或协作的形式。这样的学习过程，有利于激发学生的学习积极性，促使学生不断地发现问题、解决问题，提高学生的语言交际能力。

（4）师生角色。师生角色是指教师和学生在执行学习任务的过程中所起的功能作用。在任务型教学中教师是帮助者、任务的组织者和监督者等；学生是任务的参与者、执行者、交际者、建构的学习者、协作的学习者和反思的学习者。

（5）环境。环境指课堂教学的组织形式，包括任务完成的方式（个人操作或小组合作）和任务时间的分配，也包括课堂教学或课外活动等。在任务型教学中，教师要为学生创设一个真实的情景，使学生的学习有一种身临其境的感觉。

（二）任务型教学法的类别

与任务的定义一样，关于任务的类别也是众说纷纭，不同的视角有不同的分类。

（1）根据难易度可以将任务设计分为六种类型：列举型、排序与分类型、比较型、问题求解型、交流个人经验型和创造型。其中，有些任务比较简单（如列举任务），适合初学者或水平较低的学生；有些任务却相对复杂（创造性任务），需要不同的认知参与，因而对学生的层次和语言水平要求高一些。

（2）根据所侧重的语言技巧的不同，任务可分为听、说、读、写等任务。但这种分类违背了任务的基本原理，即任务是为整体学习和体验学习提供机会。只侧重于语言的某一孤立方面，任务会面临失去任务性的危险，即任务变得越来越像练习。更为整体的任务可根据学习者活动种类来划分，如角色扮演、做决定、信息差任务、拼版式任务、整体听写任务、辨别差异等。

（3）根据互动特征（互动者的关系和互动要求），可分为交互式或非交互式任务，单向或双向式任务。互动特征影响学习者理解输入、获得反馈和改善输出的机会。任务还可以根据目的取向（任务是否要求参与者达成一致结果或保留不同意见）分为收敛式或发散式任务。根据结果的不同，任务可分为开放式和封闭式。在封闭式任务中，只要求一个结果，而在开放式任务中，允许有几个可能的结果。

（4）根据语言焦点的不同，任务可分为聚焦型任务和非聚焦型任务。聚焦型任务旨在引导学习者加工某一特定的语言特征，如接受性理解或产出某一语法结构。其目的在于新语言形式的辨别和内化。而非聚焦型任务并不要求学习者使用某一特定的语言形式，其目的在于学习者语言综合行为绩效的提高。

（5）基于修辞学理论，即根据不同的语篇应用领域所具有的不同的语篇结构和语言特征，任务包括叙述任务、指导任务和描述任务。另一种理论上更理想的划分方式是“体裁”概念。体裁是指“具有共同交际目的的一组交际事件”。某一特定的体裁不仅要有惯常的结构和风格，还要有相同的交流目的。这些体裁包括食谱、求职信和医疗咨询等。

（6）根据认知活动划分。由于任务涉及信息的选择、推理、分类和排序等认知过程，因此，可以根据不同任务所包含的认知活动来划分任务。根据认知活动的类型区分了三类任务：信息差任务、推理差任务和观点差任务。任务所需的认知加工水平与任务所引起的语言构建和重构之间存在着一定的联系。

（三）任务型教学法的设计原则

在任务型教学中，学习者的积极投入任务过程是任务完成的必要条件，如何实现这一任务的基本特征是教师和学习者关心的问题。如果学生只是应付式地完成任务，将很难达到预期效果，即会出现流于形式和浪费时间的情况。那么，教师如何设计任务显得尤为关键，以下是任务设计时应遵循的原则。

（1）真实性。所谓真实性，指的是在教学过程中，首先，教师设计的教学活动或任务中所输入的材料应与学习者在日常生活和社会活动中能接触到或能亲身经历的事情相关；其次，执行任务的情景以及具体活动应尽量贴近真实生活；再次，在学习、互动的过程中，学习者或小组成员根据自己的亲身经历去讨论、交流、辩论；最后，评价方式采用真实性评价。

（2）互动性。互动性是指交际的方式是双向的，如对话、会话、讨论等。互动必然会带来意义协商，以及对错误的地方加以修正，使信息的交流和知识的建构成为可能。

（3）过程性。任务型教学重视的是“学生知道如何学习”，而不是“学生学到什么”，所以，这样的学习过程是教师先设计一个任务，让学生自己或以小组的形式去完成，完成任务的过程是一个意义建构的过程，在这个过程中肯定会遇到不少问题，这就需要学生根据自己的实际情况做出不同的反应，再采用适当的方法去解决问题。

（4）趣味性。有趣的课堂交际活动能有效地激发学习者的学习动机，使学习者主动参与学习。教师在设计任务型教学活动时，要注意活动的趣味性，活动的内容也要丰富多彩，要体现鲜明的时代特征和生活气息，使学生乐于参与到课堂当中来，最终能达到完成任务的目的。当然，设计的任务也要具有一定的挑战性，这样才能激起学习者持续学习的兴趣。

（5）操作性。在教学中，设计的教学任务应当要考虑它在课堂中的操作性问题，即要简单易行，要尽量避免那些环节过多、程序复杂的课堂任务；在活动设计时，也要考虑到任务的时间问题，既不可以过长也不可以过短。

（6）课堂学习和课外运用相结合。传统的教学只要求学生掌握课本内容，而任务型教学要求把课堂学习和课外运用相结合，这充分体现了学以致用的理念。课堂和课外相结合可以缩小课堂与社会之间的距离，这有利于激发学生的内在动机。

二、大学英语阅读中任务型教学法的应用

大学英语教学大纲对大学生英语阅读能力方面的要求是：能顺利阅读并正确理解语言

难度中等的一般性题材的文章，掌握中心大意，了解中心大意的事实和细节，能根据听读材料进行一定的分析、推理和判断，了解作者的观点和态度。除此以外，大纲还对大学教师提出要求：大学英语教学应帮助学生掌握良好的语言学习方法，始终注重阅读能力的培养。在大学英语阅读教学中如果融入了任务教学法，则可以打破传统英语阅读的教学习惯，为大学英语阅读课堂注入新鲜的血液。

任务型的课堂教学可以分为三个步骤：前任务阶段、任务循环阶段以及语言聚焦阶段。依据我国现阶段的大学英语教育情况，可以利用 Jane Willis 的分类步骤将其分为阅读前任务、阅读中任务及阅读后任务三个步骤。

第一，阅读前任务阶段。英语教师可以在阅读前布置阅读任务，即教师引入任务阶段。本阶段的重点是在介绍此次阅读任务要求的同时对学生提出完成任务的几个基本步骤。在此阶段英语教师还应该简要介绍相关的文化背景知识，适当呈现相关的语言知识点。

第二，阅读中任务阶段。阅读中的任务布置是核心部分。教师可以设计出几个小任务，任务形式可以多样，既可以是问题回答，也可以是报告形式，还可以布置表演、辩论等。要求学生通过合作完成阅读任务，在完成任务的同时要尽其所能运用到学习过的语言常识，同时结合本节课堂的知识点有所创新。此阶段是让学生在任务的驱动下进行语言知识的学习，同时进行技能训练。教师可通过组织学生完成各项任务，在完成任务中学习，在动手中练习，在实践中巩固知识，使课堂阅读教学产生事半功倍的效果。此阶段实施过程中，教师应注意自身角色的定位，在学生开展任务活动中，教师要充当监控者的角色，让学生独立完成任务，同时教师要注意观察学生在活动过程中是否出现不合要求或是无从下手的情况，并加以引导。

第三，阅读后任务阶段。学生阅读后可以展示完成任务的情况，形式也可多样化，如汇报、表演、讲述等，英语教师此时可以进行总结对比，这一过程属于课堂教学的反思环节，教师既可以对学生任务完成的情况进行评价，同时也可以让学生了解任务型教学模式的特点。教师可根据学生完成的情况及存在的问题对阅读课文进行适当的语言讲解及点评。此外，本阶段还应该融入一些其他的相关阅读练习，用以巩固阅读方法。在整个任务型教学过程中，要注意的是任务完成后的评价必不可少，教师要及时、恰当地对学生的任务成果做出评价。

第三节 大学英语阅读中的语篇衔接教学法

一、英语语篇衔接手段概述

衔接就是表达小句间和小句以上单位意义联系和把语境与语篇联系起来的谋篇意义。衔接与连贯的区别在于衔接是语篇的具体意义关系，连贯是其产生的整体效应。从语篇的衔接手段中推断出语篇的具体意义，并进一步理解其产生的整体效应，是篇章阅读者要实现的目标，也是英语教师在进行大学英语阅读教学中应该重点关注的问题。

英语语篇衔接手段主要分为两大类：第一，语法衔接手段，如照应（reference）、替代（substitution）、省略（ellipsis）、连接（conjunction）等；第二，词汇衔接手段，如重复（repetition）、同义词（synonym）或近义词（near synonym）、上下义词（hyponym）、搭配（collocation）等。

二、大学英语阅读教学中语法衔接手段的方法分析

外语教学的主要任务是把一个正常的语篇解释成一个连贯的语篇，因为这个语篇本身是连贯的，同时要能够对语篇的连贯特征十分敏感，听到或读到一个语篇就能够分辨出这个语篇是连贯的还是不连贯的；如果不连贯，是哪些特征造成不连贯等。作为大学英语教学中非常重要的组成部分——大学英语阅读教学，其主要任务就是把英语语篇解释为连贯的语篇，培养学生对语篇连贯的敏感度，这就要求我们在英语阅读教学过程中引导学生正确辨认并理解语篇衔接手段，实现对语篇的准确理解和把握。

（一）照应

照应是一种语义关系，它指的是语篇中一个成分做另一个成分的参照点，换言之，语篇中一个语言成分与另一个可以与之相互解释的成分之间的关系。例如，《全新版大学英语》（第二版）第一册第5单元Text A开头三个自然段：

He worked himself to death，finally and precisely，at 3：00 A. M. Sunday morning.

The obituary didn´t say that，of course. It said that he died of a coronary thrombosis—I think that was it—but everyone among his friends and acquaintances knew it instantly. He was a perfect

Type A, a workaholic, a classic, they said to each other and shook their head—and thought for five or ten minutes about the way they lived.

This man who worked himself to death finally and precisely at 3: 00 A. M. Sunday morning—on his day off—was fifty—one years old and a vice-president. He was, however, one of six vice-presidents, and one of three who might conceivably—if the president died or retired soon enough-have moved to the toy shot. Phil knew that.

文章文开头讲述“他终于在星期天凌晨三点整因过度劳累而离开人世”，这个“他”是谁，叫什么名字，从第一段里我们无从知晓。而第二段同样使用代词 he，仍没有与“他”有照应关系的词出现，我们还是不知道“他”是谁，只知道和第一段里的 he 是同一人。第三段开头终于出现了与 he 相照应的名词，知道了“他”是谁，“This man”是一位“vice-president”；结尾中也出现与 he 相照应的词，知道了“he”叫 Phil。由此可见，若文中没有与“他”有照应关系的词出现，这段话无论多长，都无法实现语篇连贯，没有了连贯，文章也就失去了其实际意义。另外，文中两个 that 所指内容分别是其前面加横线的句子内容，与前句也分别构成照应关系。

由此可见，培养学生对这种衔接手段的识别和理解有助于帮助其主动缩短衔接的心理距离，正确识别叙述的焦点和中心，加强其对衔接效果的理解以及整个语篇的理解和欣赏。因此，在实际阅读教学中，教师首先要让学生认识到这种词会给他们的阅读带来困难，从而引起足够的重视；然后从语篇的上下文中查找其指代的对象，实现对照应的理解。平时阅读教学中碰到的此类问题应引导学生进行分析，当学生有了足够的训练后，此类问题就会迎刃而解。

（二）替代和省略

替代和省略也是重要的衔接上下文的手段，是语言使用过程中的普遍现象。替代和省略有其相似之处：两者都是在前面出现的项目或结构重现时而被替代或省略；其作用都是一方面为了避免重复，使表达简练、紧凑、清晰，另一方面也是为了连接上下文。作为重要的语篇衔接手段，替代和省略在阅读理解中的作用是不容忽视的，因此，日常阅读教学应加强学生对替代和省略的辨别理解能力。

多数情况下，替代和省略能够使文章表达更加简练、紧凑、清晰，更好地连接上下文，但如果替代和省略妨碍了学生的阅读理解效果，教师就应该引导他们去从语篇的上下文找出被替代和被省略的信息，从而培养学生识别并理解这两种语篇衔接手段的能力，提高其英语阅读理解力。

（三）连接

在一个句子之内，在小句之间，通常要有连接成分来把它们联系起来，表示小句之间的逻辑—语义关系和相互依赖关系。如果没有连接词，则必须有标点符号来表示一定的连接关系。这种连接通常贯穿全文，所以，帮助学生识别连接可以帮助他们把握全文的结构及中心，《新视野大学英语》第三册第6单元Text A就是一个典型的例子。阅读这篇文章时应先引导学生关注第一、二、三段的第一句话，即：

第一段：Ideally，people would like to know when an earthquake is going to happen and how bad it will be.

第二段：People would also like to he able to prevent the great destruction of property caused by earthquakes.

第三段：Besides，working to improve building structures，people in areas where earthquakes are common need to prepare for the possibility of a great earthquake.

连接词also把第二段和第一段内容联系了起来；besides把第三段和第一、第二段内容联系了起来。引导学生将这几句话先标注出来，然后让他们分别总结这三段的大意，培养其识别“连接”这一语篇衔接手段并积极理解其在语篇中的作用，从而可得出：第一段介绍地震预测手段（Quake prediction），第二段介绍地震预防措施（Quake prevention），第三段指出人们需要做好防震准备（Quake preparation）。那么如何做好防震准备呢？第三段中，作者再次使用连接这种衔接手段：

… They should regularly check and reinforce their homes，… In addition to preparing their houses，people in these regions need to prepare themselves. They should have supplies of… It is also important to have something that … Experts also suggest the following：

这里，不仅通过连接词in addition to和also的使用来介绍自己的防震观点，而且再次使用连接词also引入了专家的防震建议。连接词as well as和also在后文第五、第六段起着同等重要的作用。特别是全文最后一段中连接词however的使用，不但强调了作者的观点，而且总结了全文的中心。

语篇是连贯的，作者通过语篇衔接手段的运用来实现语篇连贯；读者通过辨认解读这些语篇衔接手段而理解连贯的语篇，实现作者与读者之间的交际活动。大学生虽有一定的英语语言基础，但要实现和读者的真正意义上的对话，还需要教师的帮助。大学英语阅读教学中，教师不但需要引入英语语篇衔接手段的介绍，帮助学生辨认、理解文中衔接手段，而且要培养其对语篇衔接与连贯的敏感度，帮助其正确把握全文的篇章结构，并进一步领会作者的真实写作意图。不断加强和提高大学生对英语语篇衔接手段的识别和理解，培养并提高其独立的阅读理解能力，是大学英语阅读教学的重要目标。

第三章 大学英语阅读教学的活动设计

第一节 大学英语阅读教学活动设计概述

所谓阅读教学活动设计指根据课程目标，在分析教材和学生需求的基础上，依据特定的教学理念设计能够实施大学英语课程学习目标的活动。与备课不同的是，阅读教学活动设计所研究的是不同类别、不同层次、满足不同目的要求的教学活动或学习活动，不包含课堂教学的其他因素和环节。因此，“为促进大学英语阅读教学取得更好效果，提升工作实效性，采取措施提高阅读活动设计水平是必要的”①。

一、大学英语阅读教学活动设计的分类

依据不同的标准，人们对阅读教学活动的分类不同。根据阅读过程，阅读活动可分为：“读前活动、读中活动和读后活动；根据阅读的模式可分为常规阅读活动、任务阅读活动和项目阅读活动；根据评价可分为阅读能力和阅读策略诊断活动、阅读理解能力培养活动、阅读策略培养活动和阅读目标达成评价活动；根据阅读培养的目标可分为信息辨认能力和观点态度理解能力”②。

一般而言，大学英语阅读理解能力主要包括信息辨认、主题和细节理解，根据信息进行推理判断等。《大学英语课程教学要求》也没有跳出常识性观念的局限，其大学英语教学要求中“一般要求”对阅读能力要求的描述为以下方面：

(1) 能以中等速度（每分钟达到70词）基本读懂语言难度中等，一般性题材的文章，理解其大意及主要细节。

---

① 钟传根. 大学英语阅读教学活动设计有效性与趣味性［J］. 校园英语，2017（45）：1.

② 王笃勤. 大学英语阅读教学活动设计［M］. 哈尔滨：哈尔滨工程大学出版社，2010：4.

（2）能以较快速度（每分钟 100 词）阅读篇幅较长、难度略低的文章。

（3）能借助词典阅读本专业的英语教材和题材熟悉的英文报刊的文章，掌握中心大意，理解主要细节和有关细节。

（4）能读懂生活中常见表格如注册表、申请表、问卷调查表等。

（5）能读懂指示语、产品说明书、广告、海报、邀请函等。

（6）能读懂涉及日常生活的个人信息或内容一般的商业信函。

（7）能浏览互联网上的一般信息，基本读懂国内英文报刊，理解大意及主要细节。

（8）掌握了基本的阅读技能，如根据上下文猜测生词或习语的意思、寻读、略读等。

二、大学英语阅读教学活动设计的阶段

（一）需求分析的阶段

需求分析是教学设计的前提。阅读教学中的需求分析主要包括课程目标分析、单元学习目标分析、学习需求分析和资源分析。

不同的学习阶段课程目标是不同的。与基础阶段的阅读不同，大学英语的阅读不是以培养阅读技能为目标，而是以阅读技能的应用为目标，即通过阅读拓展学生的知识、培养学生的综合素养。阅读理解的人文素养培养功能超过了阅读理解的技能培养功能。但是，这一点往往被大多数英语教师甚至课程标准或者教学大纲，如《大学英语课程教学要求》制定者所忽视。学生需要读懂各类文章，也需要了解文章大意、作者的观点等，但是大学英语阶段的阅读在满足这些阅读目的的基础上应该再进一步，超越技能培养，指向学生的综合发展。

以上海外语教育出版社出版的《大学英语综合教程》（全新版）第三册 Unit 5 Writing Three Thank-You Letters 为例，文章作者通过自己的经历试图说明人们所共有的一种需求：他人的认可，因此，倡议 Find the good and praise it。针对这样一个阅读材料，阅读理解当然不只是信息的转述与再现，应该包括情感态度的体验与评价，培养学生对待周围人的感恩的情感，学会发现他人的优点并给予称赞。

不同学生的认知特点、多元智能、语言基础、兴趣爱好不同，教学设计必须符合学生的这些需求，要满足学生的需求，就要在设计教学活动之前对学生在这些方面的差异以及需求进行分析，可以采用问卷调查、访谈、测试等方式了解信息，根据学生的需求设计活动。例如，有的学生习惯个体活动，有的习惯集体活动；有的擅长分析，有的习惯综合学

习；有的习惯视觉学习，有的习惯触觉学习，也有的习惯动觉学习。在设计教学活动时如果能考虑到这些因素，教学就会更加有效。每种能力的培养都有多种方式，教师要选择学生最喜欢的方式开展教学，要培养学生的多种能力。如果阅读教学不能采用丰富多彩的活动，不能设计不同层次的活动，即使学生的语言能力有所发展，也不会得到健全发展。

教学设计自然离不开资源分析。很多活动从设计层面上评判是科学的，但是如果没有技术支持，没有可用资源，设计也会难以实施。在设计教学活动时要分析教材资源、网络资源、技术设备以及教师自身的能力，在资源条件相同的情况下选择最经济、最有效的方式。

（二）确定单元学习目标的阶段

任何教学活动都是为了实施某个教学目标（或学习目标）而设计的，要设计适当的教学活动，就必须清楚每个单元、每一堂课的教学目标。教学目标的确定一般要经过以下步骤：

第一，教师可以对阅读目标进行分类：知识类、领会类、运用类、综合类、分析类和评价类。如果某一堂课的教学目标属于知识类目标，接下来就要描述知识目标的表现形式，如“转述故事事实信息”“根据图片讲故事”等。

第二，领会，不能只是简单的“理解文章主题”“理解作者的观点”等，而应该明确其具体的表现形式，如“能够解释作者的观点”“能够解释文章的主题”等，或者是“能够写出段落主题”“找出中心句”等。

（三）设计教学活动的阶段

目标的具体表现形式确定以后，活动的形式也会自然明晰。但是教学活动设计不能只有活动的类别或形式，一个完整的活动必须明确活动的目的、活动的组织方式（是个体活动，还是两两活动或小组活动，还是先个体后小组）、反馈方式，必要时还必须提供评价方式，如评价的标准、评价的操作等。在具体备课时还必须明确时间分配和应急方案。

（四）评价教学活动的阶段

要完善教学设计就必须对教学活动进行评价。教学设计的评价指对具体操作中的具体情况和活动目标达成情况的分析，找出活动设计的优点和存在的问题，以便改进教学活动。评价主要观察活动是否按照预期的方式进行，学生参与情况如何，是否达到了预期的目标。

要对教学活动设计进行评价，教师首先要收集与活动相关的信息，然后对照原始计划进行分析。教师可以在教学过程中通过观察，记录、收集活动开展的信息，比如，可以通过问卷或座谈的方式了解学生对活动的看法，也可以邀请同事听课帮助观察，通过与同事研讨分析问题，改进教学。

第二节　大学英语阅读教学分析类活动设计

一、大学英语阅读教学分析类活动的认知

（一）分析的认知

分析指将材料分解成各组成部分并且确定这些组成部分是如何相互关联的，人们一般将分析看作是理解的扩展，或者是评价的前奏。分析包括要素分析、关系分析和组织原理分析，阅读中的分析一般指要素分析和关系分析。

1. 要素分析

所谓要素分析指能够区分阅读材料的组成要素，表现为能够划分文章的篇章结构，分析主题句、结论句等。这一点与文章结构理解是一样的，这也就是有的著作、有些专家把分析作为理解的一部分的原因。

不同体裁的文章构成要素不同，在进行要素分析之前，必须了解各类文章的构成要素。比如，故事的构成要素为 who、where、when、why、how 五大要素，而文章的结构可以包括场景、人物、情节、高潮等，文章可能采用倒叙、插叙的方式。说明文和议论文可能采用例证、比较对照等段落发展模式，其构成要素一般包括论点和论据，主题句、支撑细节、结论句等。而要素分析也因此指能够识别、区别这些的组成要素。

2. 关系分析

关系包括文章各要素之间的关系、段落之间的关系以及句子之间的关系，单词的指代关系同样属于关系分析的范畴。

文章各要素之间的关系指文章中要素之间的说明与被说明之间的关系，即论点与论据的关系、主题与支撑细节之间的关系、各要素之间的起承转合关系等。一般而言，段落之

间以及句子之间的关系包括递进关系、转折关系、因果关系等。单词的指代关系包括前指和后指，是文章逻辑的纽带，同样是分析的对象。关系的分析同样包括识别论据中的逻辑错误，区分相关陈述与不相关陈述等。

（二）分析类活动的具体特征

1. 分析类活动的层次

分析类活动根据文字的篇幅可以分为句子层次、段落层次和语篇层次三个层次。其中，段落层次又有自然段层次和结构段层次之别；语篇层次在本书中是指完整的语篇。

（1）句子层次。对句子层次逻辑关系的分析主要是分析句子内部各成分之间和句子之间的逻辑关系。句子层次的逻辑一般通过连词来表现，但有时也未必使用连词来明确表现逻辑关系。此外，标点符号也具有提示句内逻辑关系的作用。逻辑关系也因此有显性和隐性之分。

1）显性逻辑。显性逻辑是指文本通过明显的逻辑连词来表明句子之间或者分句之间的逻辑关系。例如下面这两个句群：

例 1：Education plays a very important role in the modernization of our country. However, because of historical factors, there are still a lot of people in China who are undereducated, especially among youngsters in rural areas. They cannot afford the expenses of schooling and need help.

例 2：Education plays a very important role in the modernization of our country. At the same time, China is not able to invest too much money in the matter at present time. It is in this particular situation that the authorities carry out the Hope Project.

However 和 At the same time 就是典型的逻辑连词，它们点明了前后两句之间的关系分别是转折和递进关系。有了这些词，读者阅读起来会倍感文理清晰。某些副词也扮演着逻辑连缀的角色，使文章跌宕起伏，令读者随之情绪转移、态度变化。英语连词大体有以下类别：

第一，表示时间与频率的词汇：in general, every, some, after, on the whole, usually, most, at other times, in most cases, frequently, main, finally, as a rule, rarely, before, meanwhile。

第二，表示附加的词：additionally, as well as, just as, again, along with, also, further, furthermore, likewise, in the same manner, in the same way, in addition to。

第三，引出例子的词：for example，namely，for instance，as an example，that is。

第四，表示转折的词：although，instead，rather than，but，nevertheless，though，however，on the other hand，otherwise。

第五，得出结论的词：all in all，in consequence，in brief，as a result，the point is，in conclusion，therefore，hence，in sum。

如果句子之间或句子内部使用了连词，就说明作者在有意识地彰显被这个连词连接在一起的两个部分（句子或分句）之间存在某种逻辑关系。这是英语的典型特征，而中文里连词的使用并不十分频繁，很多句子是靠句子内容的内在逻辑维系，而没有明着使用逻辑连词。因此，连词的掌握情况也会影响学生对文章的理解和分析。

2）隐性逻辑。连词固然具有揭示逻辑关系的作用，但英语同样遵循着内在逻辑性的原则，句子内部各组成部分之间、两句之间即便没有明显的逻辑连词，也可以通过阅读推断二者之间的关系。此外，各种从句，尤其是同位语从句和定语从句都对主句具有定义或解释说明的作用。伴随状态和独立主格也扮演着因果、条件等角色，为主句提供支持。因此，句子成分的分析不再是语言点的掌握，而更多是句子层的分析活动。例如：

The society developing along with the scientific and technological evolution，human living standard is elevating fast.

该句没有出现连词（除了两个并列的形容词之间的 and），但从上下文判断，主句“人类生活水平提高”的前提条件就是独立主格部分“社会随着科技进步而迅速发展”，二者之间形成了条件关系或者因果关系。句群逻辑分析同样有这种情况，句子之间的逻辑隐含在语义之中，但没有采用显性的逻辑连词来连缀。这样的分析活动要求更高。

句子层次的隐性逻辑还可以通过标点符号如破折号、括号、引号、冒号和分号等表达，这里将介绍常用表达符号的逻辑表达功能。标点符号是辅助文字记录语言的符号，是书面语的有机组成部分，用来表示停顿、语气以及词语的性质和作用。常用的标点符号有16种，分点号和标号两大类。点号的作用在于点断，主要表示说话时的停顿和语气。点号又分为句末点号和句内点号。句末点号用在句末，有句号、问号、叹号3种，表示句末的停顿，同时表示句子的语气。句内点号用在句内，有逗号、顿号、分号、冒号4种，表示句内的各种不同性质的停顿。标号的作用在于标明，主要标明语句的性质和作用。常用的标号有9种，即引号、括号、破折号、省略号、着重号、连接号、间隔号、书名号和专名号。标点符号的功能不仅仅是标志停顿，它们往往具有连接句子各部分，标明逻辑关系的作用。尤其像逗号、破折号、冒号、分号等具有多种可能性的符号更是影响了阅读理解的准确性。因此，在阅读过程中，必须重视标点的逻辑连接作用。教师可以通过有目的的活动，引导学生做出具体的判断。当然，通过阅读前的准备活动进行图式激活也有助于学生正确地判断。

（2）段落层次。段落层次的分析存在于各自然段之间的意义构成和逻辑过渡，主要包括段内逻辑和段间逻辑两类。

1）自然段内部的发展。比较典型的完整的自然段由三部分组成：主题句（Topic Sentence）、扩展句（Development Sentence）和结论句（Concluding Sentence）。主题句是英文段落的典型特点，文章的所有材料和论述都是围绕主题句展开的，多安排在段落的开始和末尾。发展句必须围绕核心议题层次分明地发展、证明或支持这一主题思想。结论句位于全段的末尾，是对全段的内容进行总结、归纳或提出结论性观点的句子，进一步强调段落的中心思想，其内涵必须和主题句的内容保持一致。当然，并非每个段落都需要结论句，如一些描述性段落大多不使用结论句。分析各句在段落发展上起到的作用也是分析活动之一。

2）段落间逻辑关系。一般而言，段落之间的逻辑关系因文体而异，主要包括并列、递进、解释、例证、转折、让步、补充说明和总结等多种逻辑关系。

段落之间的逻辑过渡有时可以依赖明显的标志，如使用连词点明逻辑关系，或段落间就依赖过渡句表现，它们通常兼有两个段落的主要信息，前半句侧重对上段的总结，后半句点出本段的核心议题，成为本段的主题句。例如，《大学英语（第三版）》第三册第三单元“Why I Teach”，文章的第18~20段都具有明显的过渡句，标志出了各段落间的逻辑关系：

A “promotion” out of leaching would give me money and power. But I have money. I get paid to do what I enjoy: reading, talking with people, and asking questions like, “What is the point of being rich?” (para. 18)

And I have power. I have the power to nudge, to fan sparks, to suggest books, to point out a pathway. What other power matters? (para. 19)

But teaching offers something besides money and power: it offers love. Not only the love of learning and of books and ideas, but also the love that a teacher feels for that rare student who walks into a teacher's life and begins to breathe. Perhaps love is the wrong word: magic might be better. (para. 20)

第19段的第一句话“And I have power.”标志着前后两段成并列关系。第20段首句

“But teaching offers something besides money and power: it offers love.” 可以看出该段和前面两段构成递进关系。

（3）语篇层次。语篇层次的分析主要指一个完整语篇的内部结构逻辑分析，主要包括篇章结构模式的分析和各结构段段间逻辑的分析。对文章篇章结构的分析意味着将整篇文章分解为若干组成部分之后，判断各结构段之间的关系及其在全文中的作用，了解全篇的结构特点和组织思路。这种分析活动因文章类型不同而不同，要根据不同文章进行具体分析。比如，记叙文的分析可以通过分析其六要素实现；说明文主要分析文章线索和要素归属；议论文中主要分析因果关系，下文将对各种文体做进一步的介绍。语篇层次的分析可参看下例：

The desire for good health is universal. In our competitive society it is important to maintain good health. People with good health can do work with full confidence and their progress in work in turn contributes to their health and happiness. A sick person is usually not interested in everything around him and therefore he loses many opportunities to become successful.

在这个句群之中，句子之间没有使用任何连词，但我们可以读出第一句是典型的主题句——点出人人都渴望健康的心声，第二句则递进地开辟了本段的主题——在竞争社会，健康很重要，第三、第四两句从正反两个侧面支持论点，证明了在社会生活中拥有健康是多么重要。

记叙文多数有明确的时间、空间线索，结构上以线性结构为主，也有树状结构。说明文的结构有连贯式、总分式（“总—分”式、“总—分—总”式、“分—总”式）、并列式、递进式、对照式。议论文的结构有三种：其一为“总论—分论—总论”式，先提出论点，而后从几个方面阐述，最后总结归纳；其二为“总论—分论”式，先提出论点，然后从几个方面论证；其三为“分论—总论”式，对所要论述的总是分几个方面剖析，然后综合归纳出结论。

语篇分析类的活动可以分为以下三种类型：

第一，自然段与结构段的划分。段落通常又称自然段，但在某些文章里，若干个相邻的自然段是围绕一个主题描写或论证。这些段落就形成了一个高一级的篇章，俗称结构段。段落层的活动可以包括根据主题句或者意群划分结构段落，归纳各结构段的中心思想并辨识其在整个结构段中的功能。

第二，写作风格、效果的分析。这种活动有些是基于篇章结构特点分析的，我们通常所谓的开篇点题、倒叙插叙、过渡自然、前后照应、设置悬念、主次详略等都是写作风格特点；有些是基于语言特点分析的，例如，一篇之间出现不同的语域，议论之中插入描写性文字等。

第三，写作意图分析。篇章写作都有作者主观的意图，而目的决定策略，好文章必然要借助各种写作手法达到弘扬自己的观点、烘托主要人物、抒发主观情感的作用。因此，通过写作手法的分析还可以分析出作者的主观态度和写作意图。

2. 不同语篇的分析方式

（1）记叙文。记叙文是用来描述事物的文章，以写人、叙事、写景和状物为主要内容。记人、记事、日记、游记、传说、新闻、通讯和小说等，都属于记叙文的范畴。对记叙文的分析也因此多涉及时间、人物、地点、起因、经过和结果六要素。

记叙文中表达方式多样，可以分为叙述、描写、议论、抒情和说明五种形式。即便在叙事一种手法中也有多种线索形式可供选择，包括事件和发展过程、时空转换、内容变化、人物、场景变化、感情变化和表达方式的变换（抒情—记叙—抒情、议论）等。

（2）说明文。说明文是一种以解说事物、阐明事理为主要目的的文章体裁，其说明对象可以是某个抽象事理，也可以是具体事物，文章写作的目的是把其成因、关系和原理等说清楚。说明文基本有两种类型：一是对某一种事物进行客观的介绍，正反两面都用等量的笔墨进行叙写，并没有添加任何作者的主观态度，另外一种则是对两种事物或方法进行优劣对比，但不做出最后决策。

说明文的分析要求根据文章的不同类型判断文章的发展模式，具体如下：

1）重点描写主要特性（无论优劣），再补充说明次要特性。

2）先因后果：引入话题后分析成因，而后分析该现象所带来的社会效应。

3）先现象、后本质：描写某特定社会现象或情况，改变视角分析其动因和问题实质。

4）先特征、后用途：介绍某新技术或设备的特点，而后分层次说明其使用价值。

5）先一般、后个别（特殊）：介绍常规情况或功用，补充说明特殊情况下的表现和功用。

6）先概括、后具体：先泛泛地宏观介绍某社会现象或物品等，再细节介绍具体表现。

7）先整体、后局部：先介绍全局、外部特征、功用等，再着重说明某特定重点部位或功用。

8）先总体、后分述：主题句概述某情况的几种表现、成因、后果，再用若干段落分别详细说明。

同时，还应该包括说明文的结构，总分式（“总—分”式、“总—分—总”式、“分—

总”式)、并列式、递进式、对照式。

(3) 议论文。议论文是用逻辑、推理和证明，阐述作者的立场和观点的一种文体，其逻辑分析主要包括要素分析，包括论点、论据和论证。议论文可以根据论述方式分为立论和驳论两类，论证方法没有质的差别，基本包括例证法、引证法、归纳法、演绎法、类比法、喻证法、反证法、归谬法（仅限驳论）。要求学生能够通过分析文章的发展模式、结构形式、语言特点来推断该文章属于立论型议论文还是驳论型议论文。

议论文的分析同样包括基本论证方法的分析。议论文基本的论证方法主要有归纳法、演绎法、对比法。归纳论证是一种由个别到一般的论证方法。它通过许多个别的事例或分论点，然后归纳出它们所共有的特性，从而得出一个一般性的结论。归纳法可以先举事例再归纳结论，也可以先提出结论再举例加以证明。前者即我们通常所说的归纳法，后者我们称为例证法。例证法就是一种用个别、典型的具体事例证明论点的论证方法。例如下面这段文字：

Smoking is harmful to your health. Experiments show that smoking can cause cancer. Besides the most serious disease，cancer smoking can also cause other health problems. For example，it gives one a “smoker′s cough”. Finally，studies have shown it is easy for smokers to catch colds. Whether you get an unimportant cold or terrible killers，cancer，smoking is harmful. Is it worth it?

该段落中用典型的 for example 的字样点明了这部分文字是例证论证。类似的能够表明例证的还有 for instance、such as、it is like、namely、... is a case in point 等。

演绎论证则是一种由一般到个别的论证方法，议论文中最重要的演绎法就是三段论。议论文的分析要求学生熟悉议论文的三段论（包括大前提、小前提和结论)。大前提是已知的一般原理或一般性假设；小前提是关于所研究的特殊场合或个别事实的判断，小前提应与大前提有关；结论是从一般已知的原理（或假设）推出的，对于特殊场合或个别事实做出的新判断。例如下面一段文字就属于三段论的典型文字：“No one can survive without drinking water. Jack hasn′t found water in his desert trip. So Jack is doomed to die.”

另外一种常用的论证手法是比较论证。比较论证是由个别到个别，可细分为类比法和对比法。类比法是将性质、特点在某些方面相同或相近的不同事物加以比较，从而引出结论的方法。对比法是通过性质、特点在某些方面相反或对立的不同事物之间的比较来证明论点的方法。例如，《大学英语（第三版）》第三册“Fruitful Questions”第六段中提到了三个人物：哥白尼、哈根达斯冰激凌公司的老板鲁宾·马修斯和发现牛痘免疫法的爱德华·詹纳。学生在第一次阅读时普遍认为这是三个例证，但是通过上下文的分析，我们发现作者有意插入这三个人物是为了证明自己的三个孩子在思维模式转换方面和这三位成功人士毫无差别。孩子们看似简单的问题和答案其实具有更深邃的意义。由此可以看出，这个段落的三个人物不仅说明了思维模式转换的重要性，同时作为正面衬托，论证孩子们的思考和答案很了不起，应当属于类比手法。

二、大学英语阅读教学分析类活动的设计

（一）分析类活动的表现形式

分析类活动的表现形式与领会活动有很多相同之处，主要从以下方面探讨：

1. 排序

文章的逻辑关系可以表现为逻辑关系的识别和表述，也可以表现为排序、插入等形式。例如，如果学生能将下面的段落正确排序，说明其理解了文章的逻辑。时间、空间顺序为线索的事物说明文还可以设计拼图阅读（Jigsaw reading），将文章里提到的一些细节打乱顺序，然后要求学生根据原文的描写过程，配合常识调整顺序。例如，《大学体验英语》第二册第六单元“Sports and Health”是一篇以人为主的记叙文，下例摘选了文中若干连贯的细节，要求根据课文的内容和逻辑顺序重新排序。

Read the following sentences, and rearrange them according to the essay. Note the conjunctions at the beginning of each sentence.

(1) He said that selfless service can make a true hero, and he also hoped that his story would inspire other people.

(2) Younger skaters consistently defeated him, yet he kept practicing and competing.

(3) Then he finished second in the 1992 Olympics in France and became a hero.

(4) While not dazzled by the glory, he remained very modest and did not consider himself a hero.

(5) Paul Wiley was a 27-year-old American ice skater who could never win the big competitions.

(6) At the same time, fame and endorsements came his way.

(7) After his victory in 1992, applause greeted him as he stepped off the plane bringing him home from the Olympics.

(8) Many times he considered retirement but he persevered.

2. 插入

所谓插入指将所给某个段落插入已有文本之中。例如，可以将上面的材料进行改编，把其中一段抽出来让学生将其放到文章中适当的位置。如果学生能够正确插入某段文字，则说明其能够理解文章的逻辑。如果有意安排这种类型的分析活动，最好不采用课本，而是将阅读资料用散页形式发给学生，在 PPT 上只显示需要插入的部分。这种练习培养的是学生的整体逻辑性。在处理记叙文时也可以将倒叙或插叙作为活动的着眼点。例如，《大学英语（第三版）》第三册 “The Day Mother Cried” 第 1~6 段是一个倒叙结构段，可以设计成下面这样的活动：

Assign the task.

The story we are going to read applies flashback writing strategy. Now would you insert the first 6 paragraphs into its proper place according to the time sequence.

Coming home from school that dark winter´s day so long ago, I was filled with anticipation. I had a new issue of my favorite sports magazine tucked under my arm, and the house to myself. Dad was at work, my sister was away, and Mother wouldn´t be home from her new job for an hour. I bounded up the steps, burst into the living room and flipped on a light.

I was shocked into stillness by what I saw. Mother, pulled into a tight ball with her face in her hands, sat at the far end of the couch. She was crying. I had never seen her cry.

I approached cautiously and touched her shoulder. “Mother?” I said. “What´s happened?”

She took a long breath and managed a weak smile. “It´s nothing, really. Nothing important. Just that I´m going to lose this new job. I can´t type fast enough.”

“But you´ve only been there three days,” I said. “You´ll catch on.” I was repeating a line she had spoken to me a hundred times when I was having trouble learning or doing something important to me.

“No,” she said sadly. “I always said I could do anything I set my mind to, and I still think I can in most things. But I can´t do this.”

练习要求学生根据时间顺序的线索把倒叙部分或插叙部分重新安排位置，使原文全部符合时间顺序。通过关键词的寻找，我们发现这是母亲做打字员时的情况，按照时间顺序应当发生在第 17~18 段之间。

3. 问答讨论

回答问题是一个十分灵活的活动形式，同样可以用于分析活动，要求学生分析所给语

言材料，回答相关问题。如标点符号在文章中的作用就可以通过问答讨论的方式。例如，下面的句子都选自《大学英语（第三版）》第一册“My First Job”，我们可以组织学习讨论其中冒号、分号和破折号的作用。

It proved an awkward journey：a train；a ride and then a walk.

He proceeded to ask me a number of questions：what subjects I had taken in my General School Certificate；how old I was；what games I played；

I was dismayed at the thought of teaching algebra and geometry — two subjects at which I had been completely incompetent at school.

This was the last straw. I was very young：the prospect of working under a woman constituted the ultimate indignity.

说明文最适合设计整体谋篇的分析活动，肢解文章的整体结构，分析各部分之间的逻辑类型，分辨材料和主旨等。当然这种练习还可以让学生熟悉表顺序的连词的功能。例如：

What aspects did the author mention in the description to fully describe...?

Where did the author reveal the object he introduced?

Why did the author announce the name of the object at the end of the description?

4. 要素配对

有些作品直接引语比较多，或者交错表达两种相反的见解，阅读过程会比较混乱。为了构建清晰的逻辑，可以为学生提供图表和相应的要素，让学生进行配对，将文章内容肢解后形成中心紧凑的两个句群。

对比性的说明文有两种写法，或者一段全部写 A 事物的情况，然后再描写 B 事物的情况；或者就某一方面把 A 和 B 进行优劣对比，然后逐条对比。在这种文章中，我们可以设计配对性练习。根据文章的表达，进行配对。如果学生本身水平比较高，还可以变成不完整的表格，让学生根据文章的描述补充不完整的信息。

（二）分析类活动及其设计方法

1. 认知与分析类活动

认知风格不同，所喜欢、适应的学习活动也不同。一般来说，分析型学习者喜欢思考和分析，喜欢做对比分析和排除法的练习，对分析类活动较为适应。相比较而言，综合型学习者则不太擅长分析类活动。

为了设计适合学生认知方式的分析型活动，教师必须采用相应的对策来解决非分析型（综合型）认知方式的群体的学习困难。宏观地说，在进行系统的语言学习活动之前进行一次学习风格测试对师生双方有一定的指导意义。例如，教师可以采用《所罗门学习风格量表》诊断大学生学习风格的总体偏向。教师在教学的同时要有意识地帮助学生识别自己的学习风格，培养他们能针对不同的学习任务有意识地改变和调整自己的学习风格；同时，积极探索并调整相应的教学模式，采取丰富的教学策略、手段及内容，适应并拓展学生的学习风格，真正做到因材施教，提高教学质量。

从微观角度看，对待每一种分析活动都应当考虑该活动对学生认知过程的要求，必要时结合学生的先前知识进行图式建构或激活。尤其在处理篇章的逻辑分析类的活动时，应当借助直观的图表和视觉性强的图式建构，采用学生比较适应的学习策略，导入他们相对生疏的学习内容，从而降低分析活动本身的抽象性带来的困难。

2. 分析类活动设计方法

（1）文体参照法。不同的文体，其逻辑、写作风格和主旨都可能大相径庭，分析类活动的表现形式也就不同，因此应当针对不同的文体类型设计不同的活动。例如，记叙文以写人、叙事、写景和状物为主要内容，情节性强，对记叙文的分析也因此多为六要素分析和文学分析，采用直观的图表型表现形式。记叙文中的逻辑顺序以前因后果为主，因循时间、空间、逻辑的写作线索，逻辑分析可以采用排序手法，凸显文章的逻辑标志带来的暗示作用。此外，还可以进行插入活动，要求学生根据内容和逻辑的过渡把某一段落插入适合的位置，或者把插叙段或倒叙段返回应有的位置。在文学分析方面又可以采用人物语言风格分析、场景分析、心理活动分析、表达方式分析等。这时问答讨论会比较灵活，具有较强的开放性，容易激发学生的参与意识。

说明文分事物性说明文和事理性说明文，其发展模式非常多样，可以进行发展模式分析，采用绘制结构图的活动方式。说明文行文逻辑变化不大，通常可分解为几个结构段，分别引入事物/事理、分析原因或功能、介绍具体操作规程或对策、最后补充说明不足或弥补逻辑空白，因此可以进行结构类型的分析。这种分析活动可以选用插入、排序的方式，使学生对该文体类型有更明确的认识。这种对比分析也是说明文的特点，配对和图表填空也因此比较合适。

议论文是用逻辑、推理和证明阐述作者的立场和观点的一种文体，因此，确定论点、分析论据和论证方法（归纳法、演绎法、对比法）是其最主要的分析活动，讨论和图表填空是比较常见的活动形式。议论文还可以细分为立论文和驳论文两种，其发展模式和结构特点也各具特色，同样可以进行对比分析，比如，可以选取话题类似、主旨相同但论证方式不同的文章进行对比。另外，要素配对的难易程度比较适中，比较适合大学英语课堂。

（2）认知取向法。不同类型的分析活动对学生的认知需求也有所不同，教师应当采用不同的活动设计，同时考虑学生的多元智能差异和学习风格差异。大学生的学习因为专业性强，思维方式往往因为专业课程的训练而具有一定的倾向性，而且这种倾向性表现出一定的群体效应。例如，新材料专业的学生因为长期做化学实验，遵循实验规程的意识非常强烈，语言学习中也多关注语言规则的规律性，对分析类活动感到游刃有余。对这种专业的学生，一旦给他们搭建了分析活动的图式支架就可以非常顺利地进行活动。相对地，旅游管理专业的学生则表现出非常突出的视觉型认知特色和场依赖特色，对文学分析和写作手法分析方面容易适应，但其逻辑分析过程相对困难，教学有必要借助视觉效果强烈的图表、采用循序渐进的方式引导学生自己归纳。

（3）形式多元法。采用丰富多彩、直观易懂的分析活动可以丰富课堂，缓解分析活动本身的抽象性所带来的课堂焦虑。古人有云“变则通”，要想让课堂活动进行得流畅自然，必须思考采用多种形式，即便同一种分析活动也必须考虑学生的基础、思维方式、学习材料等诸多因素，设计不同的分析活动。下例是根据《大学英语（第三版）》第一册“The Dinner Party”设计的，它是一篇典型的记叙文，行文遵循时间线索。

例 1：主要情节排序。

Based on the 1st reading，please re-order the following plots.

1）The boy servant placed a bowl of milk on the veranda just outside the open doors.

2）A spirited discussion springs up between a young girl and a major.

3）The American naturalist realizes there must be a cobra in the room.

4）The hostess is staring straight ahead，her muscles contracting slightly.

5）A colonial official and his wife are giving a large dinner party.

6）The hostess replies：“Because it was crawling across my foot.”

7）The 20 people sit like stone images while the American counts 300 to see who has the best self-control.

参考答案：5）2）4）1）3）7）6）

本活动训练的是学生文章的宏观分析能力，学生必须对标志性的逻辑连词或时间副词非常敏感才能准确地完成这样的活动，活动也因此适应于综合认知型的文科学生。

例 2：要素插入。

A piece of very necessary information has been taken away from the original text, without which the plots listed here cannot form a complete story. Try to reason out where it should be placed.

"The American asks the hostess how she knew that there was a cobra in the room."

A colonial official and his wife are giving a large dinner party. A spirited discussion springs up between a young girl and a major. The hostess is staring straight ahead, her muscles contracting slightly. The boy servant placed a bowl of milk on the veranda just outside the open doors. The American naturalist realizes there must be a cobra in the room. The 20 people sit like stone images while the American counts 300 to see who has the best self-control. The hostess replies: "Because it was crawling across my foot."

参考答案：本句应当插入最后一句话之前，使得最后一句女主人的回答变得逻辑合理。

情节之间具有互文性，缺少某一环节之后，整体篇章缺乏逻辑性，行文不再流畅。本活动也因此要求学生了解情节之间的逻辑关系，比较适合水平较差的学生，在完成总结（理解活动）之后配合要素插入活动，难度适中，完成比较顺畅。

（4）支架搭建法。支架教学是建构主义理论指导下的一种具体可行的课堂教学模式，支架只是一个比喻，指的是在教学过程中，为更好地发挥学生的主体作用和主观能动性，教师有意识地为学生搭建形成梯度的自主学习平台，提供扶手。由于学生在中学时代以语言学习为主，篇章分析、逻辑分析、文学分析基本上是在中文语境下训练的，一旦进入英文语境，学生都会有不同程度的困难。这固然有中英文的行文差异的因素，但更多的是学生无法把现在的中文语境下的知识应用于英文语境下的分析活动。为此，教师在进行有一定难度的活动之前必须为学生搭建支架，如激活语言图式、内容图式、形式图式等背景知识等。

例如，要完成结构分析任务，学生必须知道主题句、结论句、总述与分述、插叙与倒叙、陈述主题、场景、起承转合等，才能完成对文本的分析。在设计分析活动时，必须诊断学生的已有图式，如果学生不具备相关的理论知识，最好在分析活动前设计支架活动，或是激活相关的图式，或是开展图式补缺教学。

常用的手段是选取一个短篇作品，或者文体与阅读材料相同，或是话题相似，或是语言特点相仿，通过分析激活或弥补相关图式。当然因为课堂时间的限制，多数教师会着重训练某一种分析能力。例如，在《大学英语（第三版）》第二册第三单元“Lessons From Thomas Jefferson”一课中，可以尝试搭建以下几种支架，训练某特定分析能力。

例 3：搭建主题句支架。

Present students with a short article on Zhang San. Ask students what this article is arguing for.

Zhang San is a good boy. Whenever I am short of money, Zhang San will pat on my back and invite me to dinner. And our neighboring students all agree that Zhang San could fight for his friends until death in case of danger. What is most important, he has never refused any people in need of help.

参考答案：全篇一直在论述张三是个好人这一主题，而它的位置清晰地摆在段首。教师可以根据这样一段有趣的文章告知学生这就是主题句的功能，它能统领全段，所有其他句子为它服务。之后再要求学生阅读长篇的文字，学生也能有意识地在每一段的段首寻找主题句。虽然并非所有的段首句都是主题句，但整体思考方式成形，有助于未来的阅读和分析活动。

例 4：搭建副标题支架。

Present students with an exposition or a direction to a new camera. Show how subtitles inform readers in the whole discourse.

Questions:

What is the best condition this new mode of camera requires?

What other items are contained in the package?

How much does it cost?

Where can you repair it in case of any damage?

根据说明书的特点，黑体的副标题都有提请注意的信息功能。看完之后要求学生阅读本文，学生会发现类似的标志，而且这些文字也都是黑体字。它们本身都是该段落或结构段的主题句，起到了领导全段的作用。

例 5：搭建论证手法分析支架。

Present students with a short passage applying many arguing methods.

Zhang San is a good boy. Whenever I am short of money, Zhang San will pat on my back and invite me to dinner. And our neighboring students all agree, Zhang San could fight for his friends until death in case of danger. What is most important, he has never refused any people in need of help. Up to now, he has helped 35 young children to go back to school. He is as great as a cow.

参考答案：本文是一篇戏谑的文字，但是分别采用了例证、引证、数据和比喻四种论证手法。

这个小活动之后再要求学生阅读全文，并针对每一个副标题分析其论证手法。

第三节　大学英语阅读教学综合类活动设计

从认知角度来看，综合是一种要求比较高的阅读活动，综合类活动基于理解，又可以促进阅读理解能力，同时对学生口语和书面表达能力的提高具有一定的促进作用。更为重要的是，综合对新图式的建构有着不可替代的作用。

一、大学英语阅读教学综合类活动设计的认知

（一）综合及其类型

综合指将各要素和组成部分组合起来以形成一个整体，是对各种要素和组成部分进行加工的过程，包括对已有经验中各组成部分与新材料的重新组合、阅读中的综合指能够将文章的各组成部分按照一种新的逻辑组合成一个整体，包括写作、创作、表达个人经验、制订计划和操作程序、构建假说、阐述一种概念、对阅读材料概括等。综合大致可以包括以下方面：

（1）创作类综合。创作类综合指根据阅读材料所进行的写作，更加强调独特性与首创性。综合要求学生必须从多种渠道获得各种要素，并把它们按照一种新的结构或模式组合成一个整体。

（2）概要类综合。概要类综合指为所阅读材料撰写概要。学生要想写出概要，就必须了解文章中的核心内容，了解文章的构成要素，明晰各要素之间的关系，然后才能用简短的语言表达出原有材料的主要内容。概要可以表现为写概要、摘要，也可以是原文的缩写。

（3）再现类综合。所谓再现指对阅读内容的再现，一般情况下根据阅读材料改写就属于再现类综合。学生可以变换人称，可以改变角色讲故事，可以转换时间地点讲故事，可

以对不同的听众安排活动，对不同的听众发表演讲，可以对不同的受众进行访谈，可以说服不同的对象做某事等。这时，不管采用口头表达的方式还是采用笔头表达的方式，说话者/作者都必须再现原有信息，如果不再现原有信息，则不称其为再现类综合。

日常教学中教师安排的根据图片和核心短语、句型的提示所进行的复述本身既是一种信息再现活动，同时也属于综合活动。

（二）综合类活动的常见形式

综合类活动属于产出性活动，要求学生在理解文本、分析文本的基础上运用语言知识、策略知识和篇章知识完成产出性的任务。常见的综合活动有以下形式：

1. 写概要的形式

给故事写概要，同时要保持故事的原貌，是一种很好的训练综合能力的方式。学生需要将原来的内容分成几个组成部分，熟悉然后按照一定的模式组合成一个整体。

针对不同类型的文章，学生在写摘要时，教师可以向学生提供阅读前导或图式框架，以便让学生了解相关的背景知识和与话题、文章类型相关的知识。以《大学英语精读（第三版）》第一册第九单元“Is There Life on Earth?”为例，金星上的科学家正在探讨飞船登陆地球的可行性。活动要求学生从 Professor Zog 的角度出发，写一篇概要，总结上周发射到地球上的卫星反馈回来的信息，发现的问题以及得出的主要结论。

Summary writing.

Step 1 Assign the learning task.

The Venusian scientists are making a research about the feasibility of a manned saucer landing on Earth. You were Professor Zog, and you are to write a summary about the findings, the problems and the conclusion based on the last week′s satellite landing.

Step 2 Students work individually on the task.

Step 3 Assess students′writing and choose one student from each group to give the summary.

2. 新闻报道的形式

新闻报道作为一种综合活动，可以非常真实、客观、非常全面地概括出主要内容，并且对学生的语言水平和语体都有一定的要求。教师须提供新闻报道样本，分析写作方式，提供新的图式结构。新闻报道并不要求学生完全按照新闻报道的方式去写，而且可以采取学生互评的方式对写作内容进行反馈。同伴评价可以从以下方面着手：

（1）报道重点是否突出，能否概括主要内容。

（2）报道是否涵盖了故事的主要内容。

（3）报道语言表述是否得体。

（4）作为读者读后是否有同感。

以《大学英语精读（第三版）》第三册第八单元“Daydream a Little”为例设计综合活动，文章主要讲述了人们对白日梦有了一种新的认识，并对白日梦的研究有了新的进展，研究发现白日梦对人们有很多方面的好处。那么，教师可以设计如下新闻报道的活动：

News report.

Step 1 Assign the learning task.

Suppose you were a reporter and happened to hear the new attitudes to daydream and the new findings of the research about daydream. Now you want to publish this in the newspaper to publicize the new findings of the research, that is, daydreaming is good to us in many ways. So, how would you report it?

Step 2 Students work individually on the task.

Step 3 Ask students to assess each other′s report according to the followings:

（1）Is there a general introduction to the new attitude to daydreams and the new research of it?

（2）Does it contain all the new findings of the research?

（3）Is the purpose of the writing clear?

3. 回忆的形式

回忆一般是由故事的主人公或是其他角色完成的，教师须设计新的情景再现故事的主要内容。活动开始前，教师可以从课文材料中提取相关的、能反映主要内容和故事发展顺序的重点词汇。这样可以激活学生的相关图式，做好语言准备工作。以《大学英语精读（第三版）》第一册第三单元“The Present”为例，故事讲述了老人80岁生日那天满怀希望等待女儿的生日礼物，最后却收到一张冷冰冰的支票。教师可以设计回忆活动，要求学生以邻居小男孩Johnnie的身份讲故事，时间设在老人的葬礼上，Johnnie在给老人的女儿Myra讲述老人当时的伤心和失望。

Recall the story at the old lady′s funeral.

Step 1 Assign the learning task.

Now it is several years later and the old lady is already dead. Johnnie is attending the old la-

dy´s funeral and he is recalling the old lady´s 80th birthday, telling how disappointed she felt to her dear daughter Myra. Suppose you were Johnnie, how would you recall the story?

Step 2 Students work individually on the task.

Step 3 Assess students´discussion and choose one from each group to give the speech.

4. 角色扮演的形式

角色扮演主要通过转换角色的方式再现故事。由于角色转换时讲故事的逻辑和侧重会有所不同，这种活动可以训练学生讲故事时的演讲意识和作为听众的听众意识，对于语言表达十分有好处。另外，角色扮演的评价标准与其他综合类活动的评价标准不同。活动中学生扮演听众，那么就可以从听众的角度出发，按照自己对故事的感受进行评价，如评价故事是否能够感动自己等。另外，教师须提供相关的演讲样本，分析写作特点和演讲方式。以《大学英语精读（第三版）》第二册第十单元“Profits of Praise”为例，文章主要讲述了赞扬的益处。

Speech to the public.

Step 1 Assign the learning task.

Suppose you were a successful businessman, and you were giving a speech to the public about the secrets to your great success. In your speech, you made it known that it was one of your teacher´s praise that made you succeed. How would you deliver your speech? And what profits of praise would you talk about?

Step 2 Students work in groups and discuss the profits of praise.

Step 3 Call on one or two students to make the speech with the rest of the class serving as the public.

The rest of the class is to assess the speech in terms of:

(1) Whether it is consistent with main points of the text.

(2) Whether it is impressive.

5. 采访汇报的形式

采访汇报要求学生以记者的身份写一篇采访报道，问题主要围绕文章的主要内容展开。采访汇报可采用个体活动的方式，目的是保证每个同学都能写出采访报道。写完后让学生两两互评，评价时最好给出评价的标准。教师须向学生提供一个采访汇报的样本，分析采访特点和语言风格。

以《大学英语精读（第三版）》第三册第五单元“The Day Mother Cried”为例，该文中作者第一次见到坚强的母亲流泪，第一次认识到母亲也有脆弱的一面。但坚强的母亲坚持了下来，并不断拓宽自己的道路，取得了最后的胜利。教师可以设计一个活动，假设本文的作者在某方面取得了一定的成就，当记者采访他并询问他的成功秘诀时，他告诉记者那完全是因为母亲的影响。要求学生分析母亲的性格，了解关于母亲的重要细节，然后按照一定的逻辑组织语言。

Interview report.

Step 1 Assign the learning task.

Suppose you were a reporter，you have just interviewed a person，who has made some great achievements. Now you are to write a report about him and his mother´s great influence on his great success，to be published in tomorrow´s newspaper. Please write a report of your interview.

Step 2 Students work individually on the task.

Step 3 Ask students to assess each other´s writing according to the followings：

（1） Is there a general statement?

（2） Does it contain all the main information?

（3） Does it state the characteristics of the mother?

（4） Is the purpose of the writing clear?

（三）综合活动设计的原则

1. 支架原则

支架原则指的是在设计综合活动时要考虑综合活动对学生图式的要求，要注意活动之间的辅助性。在开展综合活动之前，教师须确定是否需要进行图式激活，学生是否具备应有的图式。具体来讲，综合类活动要求学生按照新的逻辑组合所给语言材料，学生是否熟悉新的逻辑、新的写作规范就成为影响任务完成的关键因素。如学生必须了解新闻报道、采访报道、内容概要、故事摘要的写作规范才能完成相关写作任务。如果学生对此并不了解，教师就应该为其提供相应的支架和样例，组织学生分析，借以呈现新的语篇逻辑。

以《大学英语精读（第三版）》第二册第三单元“My First Job”为例，本文属于记叙文，主要讲述了作者在等待上大学之前面试兼职教师的经历和遭遇。本文阅读的综合目标是掌握作者面试的经历和遭遇，教师可以设计综合活动要求学生以本文作者的身份做一个演讲报告。这时教师有必要激活演讲报告的相关要求，并且提醒学生注意自己的听众——大一新同学，从而帮助学生更好地完成信息综合任务。

Speech to the freshmen in college.

Step 1 Assign the learning task.

Suppose you were the author of the text, and you were asked to give a speech to the new classmates in the first year of your college about your job interview to be a part-time teacher. How would you deliver the speech?

Step 2 Students work in groups and discuss the job interview of the author.

Step 3 Call on one or two students to make the speech with the rest of the class serving as the public.

The rest of the class is to assess the speech in terms of:

(1) Whether it is consistent with the experiences in the author′s job interview.

(2) Whether it is impressive.

本活动要求学生以本文作者的身份做一次演讲报告，学生需要通过转换角色再现故事，由于角色转换时讲故事的逻辑和侧重会有所不同，这种综合活动可以训练学生的演讲人意识和听众意识，对于语言表达十分有好处。

设计该综合活动之前，教师可先了解学生是否具备演讲方面的相关知识。课堂教学显示，很多大学生缺少相应的演讲方面的知识。因此，为了使学生能取得比较好的演讲效果，教师有必要提供相关的演讲样本，分析其写作特点和演讲方式，即提供相应的支架。否则，该综合活动就不能顺利地进行。例如，教师可以介绍相关的演讲要求，具体如下：

(1) 选用合适的称呼语。对听众最常用的称呼语有“Ladies and gentlemen”，“Dear Fellow students”，“Distinguished guests”，“Mr. Chairman”，“Honorable Judges”。可根据不同情况，选用适合特定场合的称呼语。

(2) 直接提出论题。因为演讲时间有限，必须开门见山，提出论题。最能引起听众注意的是举例法。比如，如果是呼吁大家关心贫困地区的孩子，可以用亲眼看到的或者收集到的那些贫穷孩子多么需要帮助的实例开始。

(3) 客观论证。对提出的论题，不可主观地妄下结论，而要进行客观的论证。这是演讲的核心部分，关键是要把道理讲清楚。常见的论证方法有举例法、因果法、对比法，等等。

(4) 结论要扼要。结论部分要简明扼要，以便给听众留下深刻的印象。

(5) 结尾要简洁。结尾部分要简洁明了，不要拉拉扯扯，说个没完。特别是不要受汉语影响，说些类似“准备不足，请谅解”“请批评指正”这样的话。最常用的结束语：

“Thank you very much for your attention.” 必要时提供英语演讲稿范文，例如：

Dear fellow students,

I am very glad to make a speech here in this class! This time, I′d like to talk something about English. My topic is “I Love English.”

It is well known that English is very important today. It has been used everywhere in the world. It has become the most commonly used language on Internet and for international trade. If we can speak English well, we will have more chances to be successful. Because more and more people have become aware of the importance of it, the number of the people who go to learn English has increased at a high speed.

But for myself, I learn English not only because of its importance and its usefulness, but also because of my love for it. When I learn English, I can feel a quite different way of thinking which gives me more room to touch the world. When I read English novels, I can feel the pleasure from the book which is different from reading the translation. When I speak English, I can feel the confidence from my words. When I write English, I can see the beauty which is not the same as our Chinese.

I love English, because it gives me a colorful dream. I hope I can travel around the world one day. With my good English, I can make friends with so many people from different countries. I can see many places of great interests.

I also want to use my good English to introduce our great places to the English speaking people, I hope that they can love our country like us.

I know, Rome was not built in a day. I believe that with continuous hard study, one day I can speak English very well. I am sure that I will realize my dream one day!

Thanks for your attention!

2. 任务型原则

任务型原则指的是教师要设计真实性的任务，尽可能地贴近生活实际，阅读所完成的任务与现实生活中人们阅读后的任务相同。尽管可以通过写概要、缩写、改写的方式训练学生综合的能力，但是综合活动最好能够符合任务型活动的要求。换言之，综合性活动最好要有一个真实的目的、真实的场景，以便学生为了真实的目的综合阅读信息，从而增加活动的可操作性。

还是以《大学英语精读（第三版）》第二册第三单元“My First Job”为例，本文涉及的内容与学生的学习生活息息相关，按照任务型原则可设计一些使学生充分参与的综合活动，这样可以使学生能在比较真实的情境中综合各种阅读信息，加深学生的理解，拓展学生的知识面，增加活动的可操作性。

News report.

Step 1 Assign the learning task.

Suppose you were a reporter. Now you want to write a description of the job fare and publish this article in the school′s newspaper and at the same time remind the undergraduates of the intense competition in job hunting, troubles and difficulties, strategies of handling a job interview, etc. You can include some pictures given in the activities above.

Step 2 Students work individually on the task.

Step 3 Ask students to assess each other′s report according to the followings:

(1) Is there a general introduction to the author′s job interview?

(2) Does it contain the intense competition, troubles and difficulties, and strategies?

(3) Is the purpose of the writing clear?

本活动要求学生以记者的身份写一篇新闻报道，向即将毕业的大学生报道找工作时存在的竞争、遇到的困难以及相应的策略等。教师在设计该综合活动时，可根据任务型原则把学生分成若干组，去参观人才市场大学生找工作的情况，并对这些情况进行总结，这样学生可以在比较真实的情景中做新闻报道，把预读信息和参观的情况相结合。开展本活动前，教师也需要提供相应的支架，即新闻报道样本，分析写作方式。新闻报道并不要求学生完全按照新闻报道的方式去写，但学生可以互评写作内容，同伴评价可以从以下方面着手：①报道重点是否突出，能否概括主要内容；②报道是否涵盖了故事的主要内容；③报道语言表述是否得体；④作为读者读后是否有同感。

3. 关联性原则

关联性指的是综合活动与其他活动之间的关联程度。一般而言，综合性活动应该在理解和分析活动之后。如果教学采用的是 pre-reading、while-reading 和 post-reading 的教学方式，那么综合性活动一般是在 post-reading 环节开展。

以《大学英语精读（第三版）》第二册第三单元“My First Job”为例，本文的阅读目标是掌握作者面试的经历和遭遇。根据支架原则设计的综合活动 Speech to the freshmen in college，和根据任务型原则设计的综合活动 News report 都是在理解和分析活动之后开展的。通过理解和分析活动，学生才能对文章大意和主题思想的表达方式有更好的了解，才能通过做演讲和做新闻报道的方式加深文章理解，才能在比较真实的情境中把学生的综合阅读信息和语言表达结合在一起。

根据单元的阅读目标和语言能力目标，教师可以为同一个单元设计不同的综合活动。例如，本文还可以根据需要设计写摘要的综合活动。

Summary writing.

Step 1 Assign the learning task.

Trying to make some money before entering university, Robert Best applies for a teaching job, however, to his great disappointment, his job interview to be a part-time teacher goes from bad to worse. You were Robert Best, and you are to write a summary of the job interview in about 200 words.

Step 2 Students work individually on the task.

Step 3 Assess students´writing and choose one student from each group to give the summary.

本活动要求学生写出本文的摘要，字数在 200 词左右，学生可以选择任何人称来写，这样学生需要分析故事内容，按照一定的逻辑重新组合，可以训练学生的综合能力。

本活动在评价时可以让学生每小组选出一篇在课堂上进行成果展示，而不是给每个评分或提修改建议。

二、大学英语阅读教学综合类活动设计的具体方法

（一）话题参照法

话题参照法指的是根据文章的话题设计综合活动。话题不同，其内容的理解表现形式不同，理解目标也不同。教师须根据不同的话题确定其阅读过程中的综合目标，从而设计相应的综合活动，以提高学生阅读的综合能力。例如，文章或是一篇记叙文，讲述老人过 80 岁生日时等待女儿的礼物，最后却失望的故事；或是一篇议论文，通过议论号召人们关掉电视；又或是一篇说明文，讲述一名外科医生成功转变的原因。教师可根据这些不同的话题和不同的理解目标设计不同的综合活动，比如，可以设计故事回忆的综合活动，重新描述老人伤心失望的过程；可以设计新闻采访，通过采访重新阐述关掉电视的观点；亦可以设计演讲报告，向听众讲述自己成功的原因。

以《大学英语精读（第三版）》第一册第一单元“Strategies for Learning English”为例，本文的主要话题是英语学习策略。根据文章后面设计的问题和写作内容可以确定，本

文的综合目标是能够理解并转述本文作者介绍的几种英语学习策略，对于学生理解的评价主要采取语言反馈。因此，根据本文的话题和综合目标，教师可以设计控制性的综合活动，写摘要。这类综合活动不仅可以使学生深刻地理解本文介绍的英语学习策略，语言上也可以得到提高。教师在对学生的写作进行评价时可以采用形成性评价，鼓励学生完成多稿摘要的写作，要求学生展示最好的成果，同时可以增加学生的自信。

Summary writing.

Step 1 Assign the learning task.

The author has just introduced some strategies for learning English, which are very effective. You are to write a summary about those strategies based on the understanding of the passage. And you can finish the writing by using the following words and phrases: by no means, great diligence, prolonged effort, employ, cram... with, be bound to, active words, idiomatic, on a regular basis, rehearse, read widely, write regularly.

Step 2 Students work individually on the task.

Step 3 Assess students´writing and choose one student from each group to give the summary.

（二）文体参照法

文体参照法指的是依据文章的体裁设计综合活动。文章的类型某种程度上也可以成为影响综合活动设计的因素。不同类型的文章，不同的阅读目标对综合活动设计的要求也不同。教师在设计综合活动时，有必要了解文章的写作风格和体裁，然后设计能够实现阅读目标的综合活动。例如，记叙文可以用 when、where、who、what、why and how 来概括主要内容；阅读目标方面一般要求学生能够了解故事大意，能够分析出故事的背景、发展和高潮各个环节的内容，并且能够准确把握文章的主题。适合记叙文的综合活动可以是写概要、回忆和角色演讲，这三种形式都能够很好地概括出故事的梗概和大意，形式也比较灵活，比较能够激发学生的兴趣。但综合活动的形式也不是固定不变的，只要设计得当，新闻报道和采访汇报同样可以用于记叙文的综合设计活动，关键是教师能够熟悉文章体裁，明确阅读目标，灵活应用综合活动设计原理。

以《大学英语精读（第三版）》第一册第一单元“Strategies for Learning English”为例，本文是非常典型的说明文，主要介绍了几种英语学习策略。文章结构清晰、完整、逻辑性较强，根据本文的体裁和综合目标，教师可以设计多种综合活动。比较适合说明文体裁的综合活动是写摘要，但综合活动的设计形式可以多种多样，只要设计得当，回忆、角色演讲、新闻报道和采访汇报同样可以与说明文相结合。例如：

例 1：Recall the strategies for learning English.

Step 1 Assign the learning task.

Suppose you were now an English teacher，and you were giving some advice to your students on learning English. You could recall some strategies you had employed in learning English. How would you recall those strategies?

Step 2 Students work individually on the task.

Step 3 Assess students′ discussion and choose one from each group to give the speech.

例 2：Speech to the public.

Step 1 Assign the learning task.

Suppose you were a successful English learner，and you were giving a speech to your fellow students about the secrets to your great success. In your speech，you would mention those strategies in learning English. How would you deliver your speech?

Step 2 Students work in groups and discuss those strategies in learning English.

Step 3 Call on one or two students to make the speech with the rest of the class serving as the audience. The rest of the class is to assess the speech in terms of：

（1） Whether it is consistent with main points of the text.

（2） Whether it is impressive.

例 3：News report.

Step 1 Assign the learning task.

Suppose you were a reporter. Now you want to write a description of the fact that lots of English learners are lack some strategies when learning English. You will publish this article in the school′s newspaper and at the same time remind the English learners of some strategies in learning English.

Step 2 Students work individually on the task.

Step 3 Ask students to assess each other′s report according to the followings：

（1） Is there a general introduction to the English learning?

（2） Does it contain all the strategies?

（3） Is the purpose of the writing clear?

例 4：Interview report.

Step 1 Assign the learning task.

Suppose you were a reporter, you have just interviewed an English professor on English learning, who has given some good advice on it. Now you are to write a report about him and those strategies he mentioned to be published in school newspaper. Please write a report of your interview.

Step 2 Students work individually on the task.

Step 3 Ask students to assess each others writing according to the followings:

（1） Is there a general statement?

（2） Does it contain all the strategies?

（3） Is the purpose of the writing clear?

（三） 认知取向法

认知取向法指的是根据学生的学习风格和多元智能设计综合活动。由于学生在学习风格和多元智能倾向方面存在很大的差异，学生对综合活动的表现形式的喜好也不同。例如，一个班级的学生比较沉默，而另一个班级的学生比较活跃；一个班级的学生喜欢个体活动，而另一个班级的学生喜欢小组活动；有的学生喜欢阅读和写作，而有的学生喜欢角色表演。这些都属于学生学习风格的差异，因此，综合活动的设计应该建立在对不同班级甚至同一班级不同学生的学习风格和多元智能的分析基础之上，采取学生喜欢的方式，促进学生的参与。例如，以上针对《大学英语精读（第三版）》第一册第一单元“Strategies for Learning English”设计的综合活动，教师可根据学生的这些差异选择不同的方式，以求达到较好的效果。如果所教班级的学生英语语言基础比较好，但比较喜欢个体活动或学生比较沉默，教师可选择“Summary writing”这种综合活动促进学生的理解、语言归纳和表达的能力。如果所教班级的学生语言基础相对比较差，但学生性格比较活跃，教师可选择“Speech to the public”“News report”“Interview report”综合活动，使学生在比较轻松的气氛下加深对文章的理解，同时通过小组讨论，亦可以增加学生语言表达的自信。当然，为了取得更好的效果，教师亦可混合使用这些综合活动。

三、大学英语阅读教学综合类活动设计的示例

不同类型和体裁的文章可以根据阅读目标选择一种、两种或多种综合活动。英文短文主要有四种体裁（four kinds of writing）：记叙文（narration）、描写文（description）、说明

文（exposition）和议论文（argumentation），文章类型和综合活动可以有多种组合。由于大学英语教材选取的阅读材料多以记叙文、议论文、说明文为主，以下介绍这三种体裁文章的综合活动示例。

（一）记叙文阅读中的综合活动的示例

记叙文是讲述一个故事，以叙述为主要表达方式。记叙文以形象感染读者，陶冶情操；有很浓的主观感情色彩；记叙文材料具体化、个性化。根据记叙文的特点，它以写概要、回忆、角色演讲为主，有时根据需要亦可选择新闻报道和采访汇报。

以《大学英语（第三版）》第一册第二单元“Sailing Round the World”为例。该文属于记叙文，主要讲述了弗朗西斯·奇切斯特不顾癌症的折磨，毅然独自完成了航海环球探险的梦想。文章阅读的目标是掌握弗朗西斯·奇切斯特探险的过程和战胜自己和疾病的精神。根据阅读目标和能力培养的需要，它可以和常见的五种综合活动的表现形式相结合：

Activity 1 Summary writing.

活动设计：要求学生写一篇关于弗朗西斯·奇切斯特冒险经历的摘要。

活动步骤：Summary writing.

Step 1 Assign the learning task.

Read the text and write a summary of Francis Chichester´s sailing round the world single-handed，using the words and phrases given below.

(in spite of，be determined to，set off，the first leg of voyage，dissuade，give up，cover，be warmly welcomed)

Step 2 Students work individually on the task.

Step 3 Ask students to assess each other´s writing.

活动分析：

本文属于记叙文，它的综合目标是掌握弗朗西斯·奇切斯特探险的过程和战胜自己和疾病的精神。教师在开展本活动前可对记叙文的要素进行分析，提供记叙文大意写作的范文，并提供和本文故事要素有关的词和短语，要求学生按照故事发展的顺序写完本文的摘要。因为学生语言能力的不同，可以鼓励学生使用本文的句子来完成摘要写作。对学生的活动进行反馈时，以是否描述了弗朗西斯·奇切斯特探险的过程为主。写作语言的评价可采取形成性评价，对语言能力不同的学生可有不同的反馈，可允许学生完成多稿摘要写作，不断地进行语言上的完善和提高。

Activity 2 Speech to British public.

活动设计：要求学生以弗朗西斯·奇切斯特的身份在回到英国后就自己的探险做一次演讲。

活动步骤：Speech to British public.

Step 1 Assign the learning task.

Suppose you were Francis Chichester，and you were asked to give a speech to British public about your adventure of sailing round the world. How would you tell the story?

Step 2 Students work in groups and discuss how to make it real and how to achieve good effect.

Step 3 Call on one or two students to makethe speech with the rest of the class serving as the British public. The rest of the class is to assess the speech in terms of：

（1） Whether it is consistent with the story in the textbook.

（2） Whether it moved them.

活动分析：

本活动要求学生作为弗朗西斯·奇切斯特在航海环球旅行结束回到英国后，向伦敦公众作一次关于自己的探险的演讲。学生在比较真实的情境中可以对他的探险历程有一个非常深刻的了解。但因为本活动属于开放性活动，学生可根据自己的学习风格、认知方式和语言能力选择适合自己的演讲方式。教师亦可为学生提供演讲的范文，并对其写作风格进行分析。对学生的活动进行反馈时，主要以是否描述了弗朗西斯·奇切斯特探险的过程，是否令人印象深刻，是否符合演讲的规范为主。反馈时可以小组互评，亦可抽样反馈，选出学生在课堂上展示活动成果。对学生的语言错误可采取包容的态度。

Activity 3 Recall Francis Chichester´s adventure.

活动设计：学生以 Francis Chichester 朋友的身份在弗朗西斯·奇切斯特去世后向自己的子女讲述他的冒险经历。

活动步骤：Recall Francis Chichester´s adventure.

Step 1 Assign the learning task.

Suppose you were a friend of Francis Chichester and after his death you were telling your children the adventure accomplished by Francis Chichester.

Step 2 Students work in groups on the task.

Step 3 Ask students to present their speech.

活动分析：

本活动要求学生作为弗朗西斯·奇切斯特的朋友，在他过世后，他的朋友在向自己的孩子讲述弗朗西斯·奇切斯特的探险故事。活动情景的设计可一下子拉近学生和弗朗西斯·奇切斯特之间的距离，促使学生对其探险活动和生平进行比较详尽的了解；其他同学作为听众被置于新的情境中可对故事讲述者的内容进行相关评价。本活动属于开放性综合活动，学生可根据新的情景进行阅读信息的重组。为帮助学生进行内容回忆和语言表达，教师可向学生提供一些重点词汇。因为这种回忆多设定于口语情境之中，易于被学生接受。评价时以是否涵盖了故事大意为主，对学生的口语表达能力以包容为主。

Activity 4 News report.

活动设计：学生以记者的身份写一篇新闻报道，向英国公众报道弗朗西斯·奇切斯特的冒险经历。

活动步骤：News report.

Step 1 Assign the learning task.

Suppose you were a reporter and happened to hear this story. Now you want to publish this story in the newspaper to publicize Francis Chichester´s sailing around the world single-handed, and remind the public of Chichester´s great courage to fight against the lung cancer. Read the text and write your news report. You can also include some pictures.

Step 2 Students work individually on the task.

Step 3 Ask students to assess each other´s report according to the followings：

（1） Is there a general statement?

（2） Does it contain all the main information?

（3） Is the purpose of the writing clear?

活动分析：

本文活动要求学生作为新闻记者报道弗朗西斯·奇切斯特探险的过程，并向公众宣扬他战胜疾病的精神。作为开放性综合活动，本活动允许学生在涵盖故事大意的基础上进行内容的想象和报道方式的发挥。对学生的活动进行反馈时，以报道重点是否突出，能否涵盖故事的主要内容；报道语言表述是否得体；作为读者读后是否有同感为主。

Activity 5 Interview report.

活动设计：学生以记者的身份采访探险回国的弗朗西斯·奇切斯特，并把自己采访的

内容写成文字，用于明日报纸的出版。

活动步骤：Interview report.

Step 1 Assign the learning task.

Suppose you were a reporter, you have just interviewed Francis Chichester, who has just sailed round the world single-handed and returned to England. Now you are to write a report about him and his great success, to be published in tomorrow's newspaper. Please write a report of your interview.

Step 2 Students work individually on the task.

Step 3 Ask students to assess each other's writing according to the followings:

(1) Is there a general statement?

(2) Does it contain all the main information?

(3) Does it state the characteristics of the Francis Chichester?

(4) Is the purpose of the writing clear?

活动分析：

本活动要求学生作为记者采访弗朗西斯·奇切斯特，并对他的环球旅行进行相关的提问。作为开放性综合活动，它允许根据采访需要设计不同的采访问题，并可以让学生自由决定活动的方式，个体活动还是小组活动，无论哪种活动都需要学生精心地设计一些采访问题，然后进行语言的组织。对学生的活动进行反馈时，以采访报道能否涵盖故事的主要内容，报道语言表述是否得体为主。可以鼓励学生进行多稿写作，采用形成性评价，使学生在课堂上能展示最好的成果，增加学生的自信。

（二）议论文阅读中的综合活动的示例

议论文的主要目的是让别人信服作者对某一个问题的看法。在写作过程中，虽然也有说明或解释自己的立场或观点，但其基本特征是说服性的，也就是通过充分的论证来说服别人，或让别人改变观点，转而接受作者的立场观点，或至少使别人对有关问题给予重新思考。根据议论文的特点，它以写摘要为主要综合活动。但为了更好地实现阅读目标，也可以与其他四种表现形式进行创造性的组合。

以《大学英语（第三版）》第一册第四单元“Thrning off TV：AQuiet Hour”为例。“Turning off TV：A Quiet Hour”属于议论文，作者的主要论点是建议关掉电视，因为这样能给我们的生活和学习带来很多好处。文章的阅读目标是让学生了解作者的主要观点，并熟悉议论文的写作特点。其综合活动可以包括：

Activity 1 Summary writing.

活动设计：要求学生写一篇本文的摘要，能包括作者的主要论点和论据。

活动步骤：Summary writing.

Step 1 Assign the learning task.

Read the text and write a summary, including the author´s opinion and main supporting points, and using the words and phrases given below.

(propose, prohibit, social scientists, mental illness, a rising rate, bring... together, have a ball)

Step 2 Students work individually on the task.

Step 3 Ask students to assess each others writing according to the followings:

(1) Is there a general opinion?

(2) Does it contain all the main supporting points?

(3) Is the purpose of the writing clear?

(4) Whether you could be persuaded to accept the point?

活动分析：

本文活动要求学生按照议论文的写作特点写完本文的摘要。因为学生的语言能力不同，可以鼓励学生使用本文的句子来完成摘要写作。对学生的活动进行反馈时，以是否概述了本文作者的主要论点、是否包含了作者的各种论据或支持性的材料，是否具有清晰的论证过程，是否具有说服性为主。写作语言的评价可采取形成性评价，对语言能力不同的学生可有不同的反馈，可允许学生完成多稿摘要写作，不断地进行语言上的完善和提高。

Activity 2 Speech to public.

活动设计：要求学生作为社会学教授应邀做一个关于“关掉电视”方面的演讲。

活动步骤：Speech to public.

Step 1 Assign the learning task.

Suppose you were a professor of sociology, and you were asked to give a speech to the public about turning off the TV. How would you deliver the speech?

Step 2 Students work in groups and discuss the benefits from turning off TV.

Step 3 Call on one or two students to make the speech with the rest of the class serving as the public. The rest of the class is to assess the speech in terms of:

（1）Whether it is consistent with the opinion of the author.

（2）Whether it is persuasive.

活动分析：

本活动要求学生作为一个社会学方面的教授向公众做一次建议关掉电视的演讲，情景比较真实，对学生的语言能力有一定的要求。可组织学生开展小组活动，分析作者建议关掉电视的观点，组织演讲的语言。教师亦可为学生提供演讲的范文，并对其写作风格进行分析。对学生的活动进行反馈时，以是否概述了作者的观点，是否令人印象深刻，是否符合演讲的规范为主。可以采取小组间讨论和互评的方式做出反馈。

Activity 3 Recall the professor´s speech.

活动设计：学生作为听众，听了一位社会学教授做的关于“关掉电视”的演讲。之后很受启发，决定说服其他的朋友和家人也“关掉电视”。这就要求学生回忆和参考演讲当中听到的内容。

活动步骤：Recall the professor´s speech.

Step 1 Assign the learning task.

Suppose you had just attended a speech given by a professor of sociology about “turning off the TV”. It was so persuasive that you decide to follow the professor´s idea and try to persuade your friends and family members to turn off the TV. When you are trying this, you will have to recall what the professor´s ideas are. What would you tell?

Step 2 Students work individually on the task.

Step 3 Ask students to present their speech.

活动分析：

本活动要求学生在劝说自己的亲朋好友关掉电视时引用他在讲座中听到的教授的观点。活动情景的设计具有实践性，学生不仅要对教授的观点非常熟悉，还能在日常生活的情境中将这些观点付诸实践。其他同学作为被劝说的对象被置于新的情境中可对学生的劝说内容进行相关评价。本活动属于开放性综合活动，学生可根据新的情景进行阅读信息的重组。为帮助学生进行内容回忆和语言表达，教师可向学生提供一些重点词汇。因为这种回忆多设定于口语情境之中，易于被学生接受。评价时以是否涵盖了故事大意为主，能否达到劝说别人关掉电视的目的为主，对学生的口语表达能力以包容为主。

Activity 4 News report.

活动设计：学生以记者的身份写一篇新闻报道，主要内容是现在越来越多的人呼吁关

掉电视。

活动步骤：News report.

Step 1 Assign the learning task.

Suppose you were a reporter. You were to publish an article as to the fact that more and more people are calling to turn off the TV. In you article, you have to remind the public of the main reasons of this fact. Read the text and write your news report.

Step 2 Students work individually on the task.

Step 3 Ask students to assess each other′s report according to the followings:

（1） Is there a general statement?

（2） Does it contain all the main information?

（3） Is the purpose of the writing clear?

活动分析：

本文活动要求学生作为新闻记者报道越来越多的群众建议关掉电视的事实，并向公众传递本文作者建议关掉电视的主要观点。作为开放性综合活动，本活动允许学生在涵盖故事大意的基础上进行内容的想象和报道方式的发挥。对学生的活动进行反馈时，以报道重点是否突出，能否涵盖作者的主要观点；报道语言表述是否得体；作为读者读后是否可以接受作者建议关掉电视的观点为主。

Activity 5 Interview report.

活动设计：学生以记者的身份去采访刚做过关于“关掉电视”演讲的社会学教授。

活动步骤：Interview report.

Step 1 Assign the learning task.

Suppose you were a reporter, you have just interviewed the professor who has just given the speech “Turn off the TV”. Now you are to write a report about him and his main ideas and suggestions to be published in tomorrow′s newspaper. Please write a report of your interview.

Step 2 Students work individually on the task.

Step 3 Ask students to assess each other′s writing according to the followings:

（1） Is there a general opinion?

（2） Does it contain all the main reasons and benefits of turning off the TV?

（3） Does it state the main opinion of the professor?

（4） Is the purpose of the writing clear?

活动分析：

本活动要求学生作为记者采访这位社会学方面的教授，并对他关于关掉电视方面的观点进行相关的提问。学生自由决定活动的方式，个体活动还是小组活动，无论哪种活动都需要学生精心地设计一些采访问题，然后进行语言的组织。对学生的活动进行反馈时，以采访报道能否涵盖教授关于关掉电视的主要观点，报道语言表述是否得体为主。可以鼓励学生进行多稿写作，采用形成性评价，使学生在课堂上能展示最好的成果，增加学生的自信。

（三）说明文阅读中的综合活动的示例

说明文的主要目的就在于进行说明或解释、分析，说明某事物、某现象、某事情，向读者传授有关特征、性质、成因、过程等方面的知识，给读者以指导或启发。根据说明文的特点，可以将常见的五种综合活动与之结合。

以《大学英语（第三版）》第二册第六单元“The Making of a Surgeon”为例。“The Making of a Surgeon”属于说明文，主要讲述了一个外科医生从不自信到自信和成功的原因。本文的阅读目标是让学生了解这位外科医生转变的过程及最后成功的原因。其综合活动可以包括以下方面：

Activity 1 Summary writing.

活动设计：要求学生写一篇本文的摘要，概述这位外科医生转变的过程及成功的原因。

活动步骤：Summary writing.

Step 1 Assign the learning task.

Read the text and write a summary, including the surgeon main problems at the very beginning and the main reasons for his later confidence and success, using the words and phrases given below.

(surgeon′s career, confident, dwell on, make a mistake, sweat, at one time or another, relax, successful)

Step 2 Students work individually on the task.

Step 3 Ask students to assess each other′s writing according to the followings:

(1) Is there a general opinion?

(2) Does it contain all the problems and the reasons for his success?

（3） Is the purpose of the writing clear?

活动分析：

本活动要求学生写一篇概要，活动前可对说明文的写作特点进行分析，提供说明文写作的范文，并提供和该外科医生转变和成功有关的词和短语，要求学生客观地对这位外科医生的转变过程和成功的原因进行概述。因为学生语言能力的不同，可以鼓励学生使用本文的句子来完成摘要写作。对学生的活动进行反馈时，以是否客观描述了外科医生的转变过程和成功的原因为主。写作语言的评价可采取形成性评价，对语言能力不同的学生可有不同的反馈，可允许学生完成多稿摘要写作，不断地进行语言上的完善和提高。

Activity 2 News report.

活动设计：这位外科医生因为精湛的艺术名扬国内外，学生可以写一篇关于他和他成功的新闻报道。

活动步骤：News report.

Step 1 Assign the learning task.

Suppose you were a reporter，and happened to hear this story. You were to publish an article to introduce this successful surgeon and his success. In your article，you have to remind the public of the surgeon′s lack of confidence at the beginning，and the secrets to his final success.

Step 2 Students work individually on the task.

Step 3 Ask students to assess each other′s report according to the followings：

（1） Is there a general introduction to the surgeon and his success?

（2） Does it contain all the troubles and ways of success?

（3） Is the purpose of the writing clear?

活动分析：

本活动要求学生写一篇新闻报道，活动前可对新闻报道的写作方式进行分析，提供新闻报道的样本，要求学生作为新闻记者报道这位成功的外科医生，并向公众报道他转变的过程和成功的主要原因。作为开放性综合活动，学生在涵盖故事大意的基础上可以进行内容的想象和报道方式的发挥。对学生的活动进行反馈时，以报道重点是否突出，能否涵盖作者的主要观点；报道语言表述是否得体；作为读者读后是否可以认同这位外科医生成功的原因为主。

Activity 3 Recall his own troubles and secrets to success.

活动设计：这位外科医生在培养年轻实习医生的时候经常会以自己的切身经历鼓励他

们，他所遇到的困难和最后取得成功的秘诀都对这些年轻医生有很大的启发和帮助。

活动步骤：Recall his own troubles and secrets to success.

Step 1 Assign the learning task.

Suppose you were the successful surgeon, and now you were the supervisor of some young residents. You often recall your own troubles to be a resident at the very beginning and the secrets to your final success, which really encourages them. What would you tell?

Step 2 Students work individually on the task.

Step 3 Ask students to present their speech.

活动分析：

本活动要求学生作为这名成功的外科医生，在帮助这些年轻的实习医生时，经常回忆自己的经历来帮助他们建立信心。活动具有比较真实的情景，学生可以根据情景需要了解这位成功的外科医生的成长历程，其他同学作为被帮助的对象也被置于新的情境中可对学生的回忆内容进行相关评价。活动中，学生可根据新的情景进行阅读信息的重组。为帮助学生进行内容回忆和语言表达，教师可向学生提供一些重点词汇。因为这种回忆多设定于口语情境之中，易于被学生接受。评价时以是否涵盖了外科医生的转变和成功的原因，能否对他人有一定的帮助为主，对学生的口语表达能力以包容为主。

Activity 4 Speech to the residents.

活动设计：学生作为外科医生被邀请去给年轻的实习医生做演讲，主要内容是自己成长为合格优秀的外科医生的艰辛历程和成功的主要原因。

活动步骤：Speech to the residents.

Step 1 Assign the learning task.

Suppose you were the surgeon, and you were asked to give a speech to the young residents about your troubles as a resident at the beginning and the secrets to your final success. How would you deliver the speech?

Step 2 Students work in groups and discuss troubles and the secrets to success.

Step 3 Call on one or two students to make the speech with the rest of the class serving as the public. The rest of the class is to assess the speech in terms of:

(1) Whether it is consistent with the troubles and the secrets to success.

(2) Whether it is impressive.

活动分析：

本文活动要求学生以一位成功外科医生的身份向正在实习中的医生做一次关于自己的成长历程和成功秘诀的演讲。活动情景比较真实，学生可根据情景和语言表达需要，结合自己的学习风格、认知特点和语言能力选择相应的演讲方式。教师亦可为学生提供演讲的范文，并对其写作风格进行分析。对学生的活动进行反馈时，以是否涵盖了外科医生的成长历程和成功秘诀，是否令人印象深刻，是否符合演讲的规范为主。可以采取小组间讨论和互评的方式做出反馈。对学生的语言错误可采取包容的态度。

Activity 5 Interview report.

活动设计：学生以记者的身份去采访这位成功的外科医生，并汇报采访的内容。

活动步骤：Interview report.

Step 1 Assign the learning task.

Suppose you were a reporter，you have just interviewed the famous surgeon. Now you are to write a report about him and his main troubles and ways of success to be published in tomorrow´s newspaper. Please write a report of your interview.

Step 2 Students work individually on the task.

Step 3 Ask students to assess each other´s writing according to the followings：

（1） Is there an outline of the surgeon´s troubles and ways of secrets?

（2） Does it contain all the troubles and ways of success?

（3） Does it state the main points?

（4） Is the purpose of the writing clear?

活动分析：

本文活动要求学生作为记者采访这位成功的外科医生，并对他在成长过程中遇到的问题和最终成功的原因进行相关的提问。活动前可对采访汇报的写作方式进行分析，提供采访汇报的样本，精心地设计一些采访问题，然后进行语言的组织。对学生的活动进行反馈时，以采访报道能否涵盖这位外科医生所遇到的问题和最后成功的秘诀，报道语言表述是否得体为主。可以鼓励学生进行多稿写作，采用形成性评价，使学生在课堂上能展示最好的成果，增加学生的自信。

第四节　大学英语阅读教学评价类活动设计

评价属于比较高的认知层次，它涉及对知识、理解、运用、分析和综合等所有其他行

为的某种组合。评价活动基于认知和理解，同时对学生的认知能力和语言表达能力的提高具有一定的促进作用。外语学习以培养学生表达自我思想的能力为目标，而评价类活动则是语言表达能力要求的一部分。因此，评价能力也应该成为教学活动的目标之一。

一、大学英语阅读教学评价类活动设计的认知

（一）评价及其分类

评价指为了某种目的，对观念、作品、答案、方法和资料等所做的价值判断，评价包含用准则和标准对这些项目的准确性、有效性、经济性、满意度等进行评估、评价涉及对知识、理解、运用、分析和综合等所有其他行为的某种组合，认知要求、语言能力要求都相当高，大学阶段的英语教学要求学生达到评价的认知目标。

根据评价标准的不同，评价可以分为内部标准参照评价和外部标准参照评价，具体如下：

（1）内部标准参照评价。内部标准参照评价来自阅读材料自身，指根据所阅读文章所推断出来的逻辑、结构、论点等，然后根据文章所呈现的结构要求、逻辑关系、观点论点判断所给语篇是否与所阅读文章结构一致，逻辑关系相符，根据文中的观点判断所给陈述是否正确。如求职信的结构、每部分包含的内容等，判断所给求职信是否符合要求。

（2）外部标准参照评价。外部标准参照评价同样来自阅读材料之外，其内容较为广泛，可以指评价者自身的标准，可以指评价者所处的社会环境中通用的标准。就阅读而言，一般情况下 What do you Think of the author? What do you think of his argument? What would you do if you were...？等属于利用评价者自身的标准进行评价。因为每个人的评价标准不同，对作者的评价以及对其观点的评价也就不同，所选择的行为方式也不同，这种设计有利于同学之间的讨论和协商。

而 Do you think they will happen in China? Will these things happen in your universities? Will Chinese students accept such offer? 则要求学生根据通用的标准评价而不是自己的标准评价。学生需要考虑在中国环境下人们的价值标准，中国高校是否允许某类事情发生，中国的学生能否接受某种恩惠等。此时，评价者所依据的是外部标准，由于这种评价不会太受个人情感态度的左右，同学们的看法应该大体一致，因此有利于小组讨论活动的设计。

（二）评价类活动的常见形式

大学英语阅读教学目标认知层次包括“知识、领会、运用、分析、综合、评价和元认

知”，换言之，大学英语阅读不仅要培养学生基本的文本识别能力、信息转述能力、大意理解能力，更要培养学生的逻辑思维能力、关系分析能力、评价能力和创作能力。因此，在规划英语阅读教学、设计英语教学目标时必须充分考虑评价的认知地位。常见的评价类活动有以下形式：

1. 内部标准参照评价类活动

（1）对比评价。对比评价指选择一篇与课文相似的材料，让学生判断所选材料在逻辑、行为等方面是否符合课文的要求。这其实是要求学生根据内部标准参照评价来评价阅读材料的结构、逻辑关系和论点观点。针对不同类型的文章，学生在进行对比评价时，教师可以向学生提供某些图式框架，如文章类型及其特点、不同类型文章的结构分析或逻辑关系分析以及相同类型文章的对比分析，以便让学生了解相关的背景知识、与话题和文章类型相关的知识和对比分析知识。

以《大学英语精读（第三版）》第二册第二单元“Lessons from Jefferson”为例，文章主要概述了美国第三任总统托马斯·杰斐逊的主要观点。评价活动要求学生根据教材中文章的结构评价所给段落的结构，即要求学生首先分析左栏原文中的两段所包含的逻辑，然后评价右栏所给的两段表述是否符合左边两段文字的行文逻辑。

Paragraphs comparison.

Step 1 Assign the learning task.

Firstly, you have to analyze the structures and logic relationships of the original paragraphs on the left and the given two paragraphs on the right. And then, you can make a comparison, telling whether they have the same structure and logic relationship. That is, what do you think of their structure and logic relationship?

Step 2 Students work in groups to discuss their structures and logic relationships.

Step 3 Call on individual groups to report their conclusions.

（2）质疑作者。质疑作者要求学生对作者的观点、逻辑、写作方式等进行评价。讨论开始前，教师可向学生提供不同类型文章的基本要素、写作特点等图式内容。通过这种讨论，学生不仅可以更好地理解课文，同时也对文章的写作有了更加明确的了解。

以《全新版大学英语综合教程》第一册第八单元为例，作者通过介绍自己的经历，指出教育方面存在的问题，并提出了一些解决方法。一般情况下，说明文和议论文都应该有结论，而本篇文章并没有结论。因此，教师可设计评价类活动，组织学生讨论如果按照一般的写作规范应该如何评价；如果需要结论的话，结论应该如何写；并分析这种写作方式的优势与不足。

Questioning the author.

Step 1 Assign the learning task.

This text does not have a conclusion. What do you think of such writing? If you were the author, would you also do without a conclusion? If not, can you write a conclusion for it?

Step 2 Students work in groups to discuss the conclusion.

Step 3 Call on individual groups to report their choice.

另外，对写作方式的评价还包括论据是否合适，逻辑是否合理，观点是否正确等。以《大学英语精读（第三版）》第二册第九单元“What is Intelligence, Anyway?”为例，课文中作者利用两个案例说明自己的观点：一个是自己的汽车出故障自己不会修理，需要找修理工；另一个是自己被修理工的陷阱问题难住。借此作者试图说明，自己虽然在智商测试中拿到160分的高分，但并不能说明自己就很聪明。但是，通过分析课文就会发现，这种论证是站不住脚的，因为修理工和陷阱问题的回答所需要的不是自己智商测试所测试的能力。因此，用这个无关的证据说明自己不够智慧显然是不合逻辑的。就等于自己数学明明很好，结果用英语成绩不好来说明自己的数学未必好一样滑稽可笑。显然，作者引用的案例不能说明主题。所以，教师可以设计两个评价类活动：一是组织学生对本文论据的合理性展开讨论，这种逻辑关系的判断不仅是阅读的要求，同时也是写作的要求；二是组织学生讨论文章第四段的推理是否符合逻辑，主要是想让学生明白这种假设在推理中的作用，以及智商测试本身可能存在的误区。

What do you think?

Do you think the cases in the text explain the author´s argument?

Case 1 When something went wrong with his car, he hastened to the auto repairman, who always fixed his car.

Case 2 He was once caught by a tricky question of the auto repairman. What do you think of his reasoning in paragraph 4?

Paragraph 4:

“Well, then, suppose my auto repairmen devised questions for an intelligence test. Or suppose a carpenter did, or a farmer, or, indeed, almost anyone but an academician. By every one of those test, I´d prove myself a moron. And I´d be a moron, too. In a world where I could not use my academic training and my verbal talents but had to do something intricate or hard, working with my hands, I would do poorly. My intelligence, then, is not absolute. Its worth is determined by the society I live in. Its numerical evaluation is determined by a small subsection of that society which has managed to foist itself on the rest of us as an arbiter of such matters."

Do you agree with "because you´re so goddamned educated, I knew you couldn´t be very smart"?

2. 外部标准参照评价活动

(1) 换位思考。换位思考是一种角色转换的评价活动，要求学生根据自身的标准做出评价。活动中学生要扮演作者或者剧中人物的角色，设想在相同情况下自己是否会持同样的观点，是否会采取同样的举动。

以《全新版大学英语综合教程》第一册第七单元"Kids on the Track"为例，文章讲述了 Anthony 在紧急情况下对小孩施救的英雄举动。教师可以设计角色换位的评价活动来培养学生的评价能力。活动中，学生扮演母亲或 Anthony 的角色，评价在所给几个环境下自己是否会采取同样的行动，并且说明原因。这其实是要求学生用自己的标准评价 Kale 和 Anthony 的行为，在此基础上组织学生讨论，可以起到价值观教育的功能。所以，很多情况下评价活动更多的是一种价值教育活动。

If you were one of them?

Step 1 Assign the learning task.

If you were the mother, would you do the following? Why or why not?

1) Leave the children playing on the driveway.

2) See Todd first.

3) Extend arms to take the baby, not much hearing Anthony.

4) Reach Gary via the beeper.

If you were Anthony, would you do the following? Why or why not?

1) Tell Kate to go and call the police and ambulance first.

2) Insist that the emergency personnel check the boy before releasing the grip.

3) Visit the Pritchard´s after the incident.

Step 2 Students work in groups to discuss their ideas.

Step 3 Call on individual groups to contribute their ideas.

另外，换位思考是一种应用性很强的评价活动。

以《全新版大学英语综合教程》第一册第二单元"All the Cabbie Had Was a Letter"

为例，文章主要讲述了作者在搭乘计程车时通过阅读司机朋友的来信了解到友谊的可贵性。教师可根据文章内容设计两个评价类活动，要求学生根据自己的标准进行评价。

Activity 1 What do you think of the author?

Step 1 Assign the learning task.

What do you think of the action of the author in the story? Do you think he did the right thing? Why or why not? If you were the author, would you do the same?

Step 2 Students share their ideas within groups of four.

Step 3 Students report about group ideas.

Activity 2 What do you think of the driver?

Step 1 Assign the learning task.

What do you think of the driver? If you were the driver, how would you maintain the friendship?

Step 2 Students work in groups to share their ideas.

Step 3 Call on individual groups to contribute their ideas.

活动分析：活动 1 要求学生根据自己的标准评价作者，主要评价其交流的方式、对待司机的态度，以及对待友谊的态度。建议给学生足够的讨论时间，激发学生思考，鼓励学生发表自己的观点。活动 2 同样要求用自己的标准评价，但评价的对象是司机，主要评价司机对待友谊的方式。在此类评价活动中，学生根据自己维持友谊的标准评价他人，学生的回答可以反映其价值观和友谊观，教师可以借此开展友谊观教育。因此，换位思考这种评价活动具有很强的应用性和实践性。

（2）概括类推。概括类推指通过把课文中的案例推而广之对其实施评价的一种评价活动，学生需要用自己的经验进行判断和评价，评价所采用的是公用标准。本活动有助于培养学生关注社会、关注他人的品质，因此要注意鼓励学生发表自己的观点，不必太多注意语言。

以《全新版大学英语综合教程》第一册第七单元“Kids on the Track”为例，教师可设计概括类推的评价活动，要求学生根据自己的经历分析在中国是否也有像 Kate 一样沉着冷静的母亲，是否也会存在类似的现象。

Similar cases.

Step 1 Assign the learning task.

This story describes a careless mother and an emergency case on the railway. Do you think there are such mothers in China? Do such things happen on our railway? Discuss with your partner and report your ideas.

Step 2 Students discuss in pairs.

Step 3 Call on students by pair to demonstrate their argument.

（三）评价活动设计的原则

1. 支架原则

支架原则指的是在设计评价活动时要考虑支架的搭建。要实施有效合理的评价首先必须明确评价的标准，如果是内部标准参照评价，教师就应该设计标准认识活动，分析所阅读的材料中包含的逻辑、结构等，然后提供要评价的材料。

2. 评价分享原则

由于人们价值观的差异，所做的价值判断也会不同。在实施外部标准参照评价，尤其是依据学生个人标准进行评价时，教师可以充分利用同学们评价方式与评价结论上可能存在的差异组织学生开展小组讨论，分享观点，促进理解。

以《大学英语精读（第三版）》第二册第一单元“At the Dinner Party”为例，文章讲述了晚宴期间，女主人在眼镜蛇爬过她的脚面时，为了不打草惊蛇以免伤害到其他的客人而表现出的勇敢和冷静。教师可根据该故事设计一个评价活动，要求学生来评价女主人当时的表现，或者要求学生换位思考，如果自己是这位女主人，自己当时又会怎么做？

What do you think of the hostess?

Step 1 Assign the learning task.

Directions：What do you think of the hostess in the story? Do you think she is so brave? Why or why not? If you were her，what would you do at that time?

Step 2 Students share their ideas within groups of four.

Step 3 Students report about group ideas.

针对这样的评价活动，学生可能会存在不同的理解和对女主人行为的评价。那么教师可指导学生在小组内部进行讨论，相互阐述自己的观点，分享对女主人行为的理解和评价。最后，教师可组织学生进行评价汇报，每组选出代表在全班同学面前展示自己的讨论结果。其他同学则可以作为听众来评价演讲同学的评价。这样不仅可以加深同学们对文章的理解，还可以分享同学们不同的评价，相互理解，相互促进，相互提高。

3. 理解原则

所谓理解原则指评价以促进学生对课文的理解为目标，通过评价学生可以更好地理解文章的结构、逻辑和语言使用，可以更好地理解文章所要传达的观点、理念、价值观。如果只是为评价而评价，评价也就失去了应有的作用。

以《大学英语精读（第三版）》第三册第五单元“The Day Mother Cried”为例。在本文作者的眼里，母亲一直都是很坚强的。所以，当作者第一次看到母亲哭泣时，惊讶之外也多了份自责，因为自己从来没有体会过母亲的压力。不过，母亲并没有畏惧，最终战胜了困难，这也成了作者日后成功的动力。该故事比较贴近生活，反映的主题思想也比较容易被学生接受和理解。教师可以根据该故事设计一个评价活动，让学生评价本文中母亲的哭泣行为，或者换位思考，如何看待自己父母的哭泣行为。

Activity 1 What do you think of the mother?

Step 1 Assign the learning task.

This story describes a mother who was found crying before her child for the first time, which makes the author surprised and embarrassed. What do you think of the mother in the story? Do you think she is a weak person by crying before her child? Why or why not? If you were her, would you do the same?

Step 2 Students share their ideas within groups of four.

Step 3 Students report about group ideas.

Activity 2 Similar cases.

Step 1 Assign the learning task.

Have you ever seen your mother or father crying? If so, what do you think of them? Do you think they are weak by doing that?

Step 2 Students discuss in pairs.

Step 3 Call on students to share their ideas.

此类评价活动虽然属于口头活动，对学生的口语表达能力有一定的要求，但还是应该以理解为主。因此，通过根据这样的性质设计的评价活动，学生不仅可以加深对文章中那位母亲的理解，而且还可以通过类似情况，换位思考加深对自己父母的认识和理解。这样的评价活动目标不是训练学生的语言表达能力，更不是为了评价的形式，而是更好地理解文章所表达的主旨大意和中心思想，更高地提升学生的认知水平和理解能力。

二、大学英语阅读教学评价类活动设计的示例

教师在设计评价类活动时首先应该确定阅读材料的评价目标，然后结合文章的类型、内容、写作特点、主题，并结合评价活动的内部标准参照评价和外部标准参照评价设计相应的评价类活动。具体评价活动类型如下：

（一）逻辑关系评价活动的示例

1. 标点符号使用评价

以《大学英语精读（第三版）》第二册第三单元“My First Job”为例，文章主要讲述了作者应聘兼职教师时的遭遇，在描述内心活动、进行环境描写和故事叙述方面多次使用了分号、冒号和破折号，对表达句子之间的逻辑关系起到了非常重要的作用。因此，教师可设计评价逻辑关系类活动，具体评价标点符号的使用。例如：

Evaluation on the use of punctuation.

Step 1 Assign the task.

Now we know the functions of punctuation. Can you read the following sentences and tell whether the punctuation is properly used? Please correct the punctuation if necessary.

（1）Being very short of money and wanting to do something useful，I applied，fearing as I did so，that without a degree and with on experience in teaching my chances of getting the job were slim.

（2）The front garden was a gravel square，four evergreen shrubs stood at each comer，where they struggled to survive the dust and fumes from a busy main road.

（3）I should have to divide the class into three groups and teach them in turn at three different levels，and I was dismayed at the thought of teaching algebra and geometry：two subjects at which I had been completely incompetent at school.

（4）Worse perhaps was the idea of Saturday afternoon cricket：most of my friends would be enjoying leisure at that time.

Step 2 Students work in groups to evaluate the use of punctuation in the above sentences.

Step 3 Feedback and comment.

活动分析：本活动要求学生运用所学标点符号的作用，评价所给句子中分号、冒号和破折号的使用是否符合句子逻辑的要求。

参考答案：

（1） Being very short of money and wanting to do something useful，I applied，fearing as I did so，that without a degree and with on experience in teaching my chances of getting the job were slim.

（2） The front garden was a gravel square；four evergreen shrubs stood at each corner，where they struggled to survive the dust and fumes from a busy main road.

（3） I should have to divide the class into three groups and teach them in turn at three different levels；and I was dismayed at the thought of teaching algebra and geometry——two subjects at which I had been completely incompetent at school.

（4） Worse perhaps was the idea of Saturday afternoon cricket；most of my friends would be enjoying leisure at that time.

2. 段落逻辑对比评价

以《大学英语精读（第三版）》第一册第四单元“Turning off TV：A Quiet Hour”为例，文章主要表达了作者建议人们关掉电视，清净片刻的观点。本文观点明确，结构完整，论文充分有条理，导读部分亦具有鲜明的特点。文章导入语部分自成一体，作者先摆出事实，即美国人大部分休息时间都在看电视。然后作者用使用“certainly”做了一个层次上和意义上的让步，即当然也有一些电视节目是值得观看的。继而，作者用转折连词“nevertheless”表达了自己的观点，即使如此，人们也不应该把大部分的休息时间用来看电视。最后，作者使用了“if”引导的虚拟语气来建议人们关掉电视之后可以做其他一些更有意义的事情。文章的导入语部分一般都比较简短，但本文的导读部分存在很强的逻辑关系，因此，教师可以设计活动引导学生评价该部分的逻辑关系。例如：

Paragraphs comparison

Step 1 Assign the learning task.

Firstly，you have to analyze the structures and logic relationships of the original introduction part on the left and the given paragraph on the right. And then，you can make a comparison on them，telling whether they have the same structure and logic relationship. That is，what do you think of their structure and logic relationship?

Step 2 Students work in groups to discuss their structures and logic relationships.

Step 3 Call on individual groups to report their conclusions.

活动分析：本活动要求学生根据教材中导入语的结构评价所给段落的结构，即要求学生首先分析左栏原文中的导入语部分所包含的逻辑，然后评价右栏所给的段落表述是否符合左边文字的行文逻辑。这种评价活动不仅可以加深学生对原文段落结构逻辑关系的理解，更可以促进学生在自己的写作中学以致用。

（二）场景安排评价类活动的示例

以《全新版大学英语综合教程》第一册第七单元“Kids on the Track”为例，文章在讲述 Anthony 在紧急情况下对小孩施救前设置了一些场景：天气方面 a pleasant morning 给人心情舒畅的感觉，预示着美好一天的开始，这样就与后面出现的危险事件形成对比；环境方面 distant cry of a locomotive horn 和 No fence separated their backyard form the track，only a thick row of trees 都暗示着危险的到来。紧接着，31/2-year-old Todd and 18-month-old Scott，were nearby，playing on the driveway. 把危险拉近，使读者感觉到危险马上就会出现。可见，作者在场景运用方面做得恰到好处。令人愉快的早晨，看似祥和安全却隐藏危险。铁路旁设施经常为人们所忽视，应有设施的缺乏隐藏着杀机。场景在故事理解中起着十分重要的作用。因此，教师可以引导学生评价本文场景的设置和效果。例如：

Evaluation on the use of setting.

Step 1 Assign the learning task.

Setting plays is an important part in story telling. In order to make a strong comparison，the author uses some setting in this story，such as，weather：“a pleasant morning”；surroundings：“Distant cry of a locomotive hom”，“No fence separated their backyard form the track，only a thick row of trees”，and scene：“31/2-year-old Todd and 18-month-old Scott，were nearby，playing on the driveway.” What effect does this setting have on the story? And what do you think of the function of the setting used to tell a story?

Step 2 Students work in groups to discuss the functions and effects of the setting.

Step 3 Invite individual groups to explain.

活动分析：本活动为学生理解场景提供机会和支持。为了便于学生开展活动，这里提示了场景分析的例子，如天气、环境和现场。教师可以组织学生讨论，主要是讨论场景的作用。

（三）写作方式评价活动的示例

1. 重复使用的评价

以《全新版大学英语综合教程》第一册第一单元“Growing Up”为例，文章讲述了

Baker 孩童时期写作的梦想曾因为教师的古板乏味受到抑制，最后在英语写作课上找回了写作的梦想。文章在突出 Mr. Fleagle 的古板乏味时使用了重复，如第二段作者运用了 9 个 prim，从而照应说明 another cheerless year，unfruitful year；另外，第五段作者重复了 5 个 I wanted 突出了作者为自己而写的强烈愿望。教师因此可设计活动让学生评价作者的这一写作方式。例如：

Evaluation on the use of repetition.

What do you think of the application of repetition in the text? Do you think it helps the author to express his idea? Can you mention some similar examples?

Step 1 Assign the learning task.

In order to express his idea, the writer applies repletion as one of the techniques in this text. Do you think it helps the author to achieve his purposes? Can you name some similar examples you have read?

Step 2 Students work in groups to discuss the application of repetition and share what they have read.

Step 3 Group report and explanation.

活动分析：本活动要求学生从读者的角度评价作者重复技巧的使用，由于要求学生列举自己看到的同样使用重复技巧的文章，就可以为学生进行比较提供了机会，是一个比较好的评价活动。

2. 人称使用的评价

以《全新版大学英语综合教程》第一册第五单元“Romance”为例，文章讲述了 Blanchard 和 Maynell 的爱情故事。本篇作者采用了电影中镜头切换的方式展示了三个场景，增加了故事的真实性。教师可设计活动让学生讨论作者的这种写作技巧。例如：

Evaluation on the Person and its effect.

Step 1 Assign the learning task.

In this story, the writer begins with the third person description while in the second half, the first person is adopted. Why? What is the effect? What do you think of this writing strategy and its effect?

Step 2 Students work in pairs to share their understanding.

Step 3 Ask individual pairs to report and explain.

活动分析：

本活动的目的在于帮助学生理解文章的写作技巧。本篇作者采用了电影中镜头切换的方式展示了三个场景。第一个和第二个场景中作者都采用了第三人称的叙述方式，学生感觉在看电影，从而增加了故事的客观性和真实感。而 Blanchard 和 Maynell 约会的场景却采用了 Blanchard 口头描述的方式，这样便于描写自己的心理感受。听到当事人亲自描述，读者会有一种身临其境的感觉。可见，作者在故事中把场景的切换与人称的变换运用得恰到好处。

第四章
大学英语翻译教学理论及模式构建

第一节　英语翻译与翻译教学的特征

一、英语翻译的认知

翻译是两国进行交流的基础，在国际交流频繁的今天，对英语翻译教学工作也有了更高的要求。“大学英语翻译教学应贴近实际，符合人们正常的语言交流习惯，遵循一定的语用原则，这样才能更好地提高英语翻译的效果，提升学生的翻译水平。”①

（一）翻译的类别划分

关于翻译的分类，可以从不同角度进行划分。

（1）按照工作方式，翻译可分为口译、笔译、机器翻译和机助翻译。口译又可分为连续翻译和同声传译。机器翻译是现代语言学和现代智能科学相结合的产物，可望在某些领域替代人工翻译。

（2）根据内容题材，翻译可分为文学翻译和实用翻译。文学翻译包括诗歌、小说、戏剧、散文以及其他文学作品的翻译，着重情感内容、修辞特征以及文体风格的传达；而实用翻译包括科技资料、公文、商务或其他资料的翻译，强调实际内容的表达。

（3）根据处理方式，翻译可分为全译、摘译、缩译、节译和编译等。

（4）根据所涉及的两种代码的性质，翻译可分为语内翻译、语际翻译和符际翻译等。

（5）根据所涉及的语言，翻译可分为外语译成母语和母语译成外语等，如英译汉、汉

---

①　李娜. 大学英语翻译教学的技巧及方法［J］. 湖南城市学院学报（自然科学版），2016，25（5）：212.

译英。除了以上所列几种划分方法之外，在实际运用中还有许多具体的分类法，这里不一一赘述。本书中所讲的翻译，主要是从狭义翻译（语际翻译）的意义上来谈的，特别是指英汉语言的翻译。

（二）翻译的能力体系

翻译的能力体系，应涉及以下内容：

（1）双语能力，即熟练使用两种语言的能力。

（2）双语文化能力，即从整体上了解两种文化中的历史、社会、经济等方面的知识，同时翻译时可以考虑两种文化之间的差异。

（3）文本分析能力，即能快速、准确地判断文本的文体与语域，同时能对文本进行词汇、句法、语篇方面的分析。

（4）目的分析能力，即了解源文本的交际目的，分析文本群体的接受能力与文化习惯。

（5）专业英语能力，即对英语语言特点与文化特征有一个很好的了解；跨文化交际能力，即可以从跨文化交际角度出发进行翻译，使译文最大限度地实现源语文本所要达到的交际效果。

（6）策略能力，即有效使用各种策略来对翻译中出现的问题与突发事件进行处理，及时完成翻译任务，且符合要求。

（7）操作能力，即使用现代技术手段（语料库、网络工具）进行翻译实践的能力。

（三）英语翻译的重要地位

在社会不断发展以及国际交流日渐频繁的时代背景下，英语教学应当更加注重对学生综合素质的培养。而翻译方面的实际应用能力就是学生英语综合素质的最主要表现，在英语教学中占据着十分重要的地位。

第一，英语翻译教学有助于促进学生听、说、读、写各方面综合能力的发展。以往的应试教育过于关注学生的书面成绩，却忽略了对英语应用能力的考核与培养，因而学生的英语综合能力很难得到提高。在翻译教学的过程中，学生会对英文语句进行深刻的剖析，也会使用到各方面的英语能力，听、说、读、写能力都能得到很好的锻炼，有助于大幅度提升学生的英语综合能力。借助英汉互译，学生能够更加透彻地理解和把握英文语句，从而使英文学习达到事半功倍的效果。

第二，翻译教学能够帮助学生深入了解中西方的文化差异。在应试教育的背景下，学生主要采用中国句式的思维方式去理解英语句式，这就会在翻译过程中出现较多错误。而翻译教学中的西方思维训练能够帮助学生更加透彻、准确地了解中西方文化差异，掌握西方人的说话方式。

第三，学生英语翻译能力的提升，也是顺应时代发展的必然趋势。在国际交流日益密切的时代背景下，外资企业对员工的英语交流水平具有极高的要求。翻译教学能够有效提高学生的翻译能力，帮助其更加准确地把握国际经济发展形势，更好地为国家经济发展做贡献。

第四，翻译有助于英语写作能力的提高。翻译有助于英语写作能力的提高，特别是“中译英”对于学生的写作能力大有帮助。例如，“我们通常在家和地铁之间来往，这是他上班的必经之路。不管怎样的天气，无论自己的身体状况如何，他都坚持上班，从不旷工。在别人不能坚持的情况下，他也会到办公室去工作，因为这对他来说是一种自豪。”翻译成：“We usually stay at home and the subway between，this is the route one must take him to work. No matter what the weather is like，regardless of their own physical condition，he insisted to go to work，never absenteeism. In the case of others can not insist on，he will come to the office to work，because it is a kind of pride.”

另外，在讲完内容之后，给学生布置了一篇与环境有关的作文，学生普遍的做法，就是先将作文用中文把内容的提纲列出，如环境对于人类的重要性有哪些；当今，我们身边环境恶化的现象有哪些；对每一项现象进行原因分析；结论，地球只有一个，地球是我们的家，呼吁全社会爱护环境，要从身边做起，从小事做起。然后鼓励学生将每一部分翻译成英语，对框架结构进行内容上的补充，使得文章更加充实。学生在英语方面的不足主要来自母语的影响，学习英语并不是不要去想母语，而是想办法将母语与英语相结合，更好地服务于英语。

第五，翻译可以提升大学生的阅读能力。大学生英语中的翻译，可以将这一过程分解为准确的理解、恰当的表达、校对三部分，其中的理解是表达的基础。在大学英语教学过程中，针对校对这一环节，是在对原文翻译的准确基础上，通过口语的表达衡量学生对课文的理解程度。

例如，“Wherever they occurred，inefficiency and waste were attacked and nonessential projects were brought swiftly to an end.”“他们的出现，我们要反对效率较低与浪费的现象，还要控制工程项目。”这样翻译出错的原因在于学生对于“他们”涵盖的主要内容没有理

解，只是把字面上的内容翻译而来，句子中的“效率较低与浪费的现象”根本就是适合英语的表达习惯的。英语中，一般是名词做主语，主、从复合句中的主语相同的情况下，从句的主语是要用代词代替的。根据这一习惯，就可以看出句中所指为一件事物。我们根据语境在译成汉语的基础上，需要根据西方英语的用词习惯和语境做调整。那么上面的句子就应翻译为“无论效率不高和浪费这两种现象发生在何处，我们都坚决地反对。还有，需要结束那些其实属于不必要的项目”。

由此可见，良好的阅读理解能力是英语翻译的基础，英语翻译又能促进学生良好的阅读习惯的养成，对关键词句的推敲，可以帮助学生阅读水平和效率的提高。

（四）英语翻译的教学思考

1. 完善大学英语课程体系

无论教授哪些内容，必须有一个科学合理的宏观的课程体系，对整个课程的实施进行宏观的指导。中华人民共和国教育部颁布修订后的《大学英语课程教学要求》对非英语专业本科生的英语能力提出了“一般要求”“较高要求”和“更高要求”，对听、说、读、写、译分别规定了量化指标，体现了层次性、灵活性和选择性，这便于各个高校根据实际情况制定出适合于本学校的行之有效的教学大纲。但是大学英语翻译教学缺乏整体规划和设计，使得教师在教学实际中难以操作。因此，我们应该首先完善大学英语课程体系。

英语课程体系应该跟上时代发展的步伐，在课程设置上须更加注重市场需求和学生实际应用能力的培养。大学英语课程设置不应简单地分为听说课和读写课，应该没有翻译课。“大学英语基础阶段学时有限，学生也是打基础的阶段，不必单独开设英汉翻译课。”① 但到了第二学年，可以为学生举办翻译讲座或开设翻译选修课，讲解一些基本的翻译理论和技巧，鼓励对翻译感兴趣的学生进行自主训练和深入学习。

2. 优化大学英语翻译教材编写

为了有效地提高教师的翻译教学水平和学生的翻译能力，编写适用于非英语专业的翻译教材迫在眉睫。这种教材应当有别于英语专业学生使用的翻译教材。因此，在组织大学英语翻译教材的编写过程中，应充分考虑“难易程度是否与师生水平相适应”以及“教材自身的系统性”，编写出融知识、理论和技能训练为一体的有针对性、科学性的系列教材。另外，应当将英汉对比和应用翻译列为本教材的主体，适当增加篇章翻译、各类文体

---

① 张富庄，董丽．当代高校英语翻译教学研究［M］．长春：吉林人民出版社，2019：21.

翻译、文化与翻译、修辞与翻译、不同题材、不同风格的译文赏析等内容。翻译课离不开理论与实践，作为非英语专业的翻译教材，翻译理论应当简明扼要，翻译的基本知识、原则及翻译技巧都可以简洁明晰，重点在于培养和提高学生的实际翻译能力，所以各章节后须附有相关的翻译练习，通过大量的课堂讨论与实践使学生掌握各种翻译技巧，培养其实际应用能力，以便对今后的学习和工作有所帮助。

3. 重视培养学生的语言能力

语言能力指的是语言理解能力和表达能力。翻译的过程既是理解原文的过程，又是创造性地用另一种语言再现原文的过程，而理解原文是表达的前提。鉴于此，着重培养学生的语言能力是大学英语翻译教学的主要目标。通过翻译教学提高学生语言能力的具体途径有以下方面：

第一，通过互联网自主学习，提高自身的语言感受能力。让他们通过互联网或其他途径来构建自己的语料库，感受名作、范文的遣词造句、布局谋篇，并定期、不定期地与学生交流，分享阅读后的感受和收获。

第二，课堂上开展适量的翻译欣赏课，或让学生翻译一些名家名作，然后把他们的译文与名家的译作比较，并总结心得体会。

第三，以小组为单位进行合作型翻译活动。教师可以将学生分成小组进行翻译。在一个宽松的学习氛围中，学生可以充分发表自己的意见而不受约束，同学间对译文互评互改。通过译文比较和讲评领悟翻译的基本原则和技巧，这不仅能启迪学生的思维，加深他们对翻译的理解和思考，同时也培养了其译文欣赏与翻译批评的能力。

二、翻译教学的特征

（一）循序渐进的特征

翻译能力的提高不可能一蹴而就，而是要经历一个过程。相应地，翻译教学也不能操之过急，应遵循由浅入深、循序渐进的规律，所选的语篇练习也应该是先易后难，逐步帮助学生提高翻译能力。从篇章的内容来看，应该是从学生最熟悉的开始；从题材来看，应该从学生最了解的入手；从原文语言本身来看，应该是从浅显一点的渐渐到难一些的。这样由浅入深，学生对翻译会越来越有信心，兴趣也会逐渐增强，翻译技能也会相应得到提高。

（二）题材丰富的特征

当今社会迫切需要实用型、综合型的翻译人才。因此，翻译练习的材料应该做到多样化和系统化，这样才能更好地满足社会对翻译人才的需求。教师在教学过程中要遵循题材丰富原则，让学生接触不同的文体，进行有针对性的训练。具体来说，翻译的文体应该涵盖各种实用文体，如广告、新闻、法律、影视、科技、文学等。此外，教师需要注意，每一种文体的练习都不是孤立进行的，教师可以将学生翻译中的常见问题进行归纳与总结，如果某类翻译问题在某种文体练习中出现得比较多，那么教师要即时进行解决，帮助学生更顺利地进行翻译训练。

（三）学以致用的特征

学习翻译是为了将来进行交际，所以在翻译教学中教师要遵循学以致用原则，尽可能地为学生创造实践机会，如安排学生到翻译公司参与实际的翻译工作。翻译的好坏最终取决于译文读者的反馈，译作能否被接受要看是否符合客户的需求，这就决定了翻译教学不是封闭的，而是一门实践性很强的课程。因此，学生在正式从事翻译工作之前，进行一定的社会实践锻炼是非常有必要的，这有利于他们在毕业之后快速融入社会环境，更好地投入工作。

（四）注重文化的特征

英语学习本身是一种跨文化交际活动，翻译学习也是如此，它要求学生应该了解不同文化背景国家的思维习惯、风土人情等。因此，在多元文化下的翻译教学过程中，教师应该时刻谨记这一原则，并努力将学生置于文化语境中，重点培养学生的文化信息转换能力。

第二节　大学英语翻译教学原则与内容

一、大学英语翻译教学原则

（一）以源语为导向的翻译原则

以源语为导向的翻译原则要求译文对原文的忠实，不仅体现在思想内容和文体风格

上，也体现在形式对应上，唯恐译文失真、走调，主张采取直译法（literal translation），包括音译法（transliteration），或保留异国情调、原汁原味的异化翻译（foreignizing translation），有时甚至是逐词逐句的死译（dead translation），如将“小心坠河”译为 carefully fall into the river，等等。

（二）以译语为导向的翻译原则

以译语为导向的翻译原则要求以译语的语言文字规范为准绳，以译文读者的品位为目标，主张采取意译（free translation）或归化翻译（domesticating translation），如将中文成语“三个臭皮匠，顶个诸葛亮”译为 Two heads are better than onc 或 Three blacksmiths make Solomon。以源语为导向的翻译原则和以译语为导向的翻译原则流传到今天就是所谓的“直译”和“意译”。直译和意译作为两种翻译方法完全有存在的价值，前者多用于科学翻译，后者常见于文学翻译，但如果将其中任何一个视为指导翻译实践的唯一原则，显然失之偏颇，有时可能从一个极端走向另一个极端。因此，译者应视翻译目的、译文和原文的文化强弱对比、译语受众及接受环境等多种因素来决定采用以源语还是以译语为导向的翻译原则。

（三）以作者和读者为导向的翻译原则

以作者和读者为导向的翻译原则不仅应该结合原文主要表达的目的和思想，而且还应该结合阅读者的要求，在翻译的过程中确保两者相互选择，尽可能满足对方的要求，这种原则来源于泰特勒所创建的“翻译三原则”，泰特勒是英国著名翻译家，我国翻译学者非常赞同这种原则，尤其以严复以及鲁迅等著名翻译家为代表，玄奘指出翻译既需要和源语真实贴切，又需要通俗易懂；严复提出“信、达、雅”；鲁迅指出翻译不仅要保留原作特色，还要使读者容易理解。刘重德指出新三字原则，分别是“信、达、切”，信是忠于原文，达的意思是表达的真实准确，切是保留原作的特色，事实上新三字原则带有质疑性地传承了严复的观点与原则。

二、大学英语翻译教学内容

（一）翻译基础理论知识

翻译基础理论知识的主要作用体现在对翻译实践具有指导作用，充分合理地掌握翻译理论知识，才能够在翻译上获得较好提升。详细来看，翻译理论的作用主要有两个方面：一是促进学生在宏观层面上进行译文思路的组织和思考，是保证翻译不出现原则性错误的重要前提条件；二是较好的翻译理论基础能够帮助学生在翻译过程中灵活运用。

翻译的定义、分类、原则、性质等都是翻译基础理论知识的组成部分。学生在从事翻译工作过程中，要体现出译者身份，同时要学会如何运用各种工具书，这些都是教师在翻译教学中需要向学生传授的重要内容。

由于受学时限制，教师对翻译基础理论知识的讲解只能挑选重难点部分，而且课时要控制在所有翻译课程时间三分之一内，这是由于翻译实践才是翻译教学课程的主要内容。为了帮助学生更好地掌握翻译理论知识，让其在翻译过程中获得知识面的拓展，需要教师在翻译课程中提供给学生理论书单，以帮助学生在课后进行阅读和研究。

（二）英汉语言翻译的对比

一切翻译理论都是在英汉对比基础上进行的，对英汉语言的相同点和不同点进行研究也是十分有必要的。学生只有了解英汉两种语言的基本特征，并熟悉两种语言在各种层面的差异，才能掌握翻译活动的内在规律，克服母语对翻译思维的干扰，形成正确的翻译思维习惯，运用各种翻译技巧提高实际翻译能力。因此，对英汉语言进行比较，不能仅仅停留在语言层面，而是要深入文化层面和思维层面。

（三）英汉翻译技巧与变译教学

翻译技巧指为了保持译文的通顺，在内容大致不变的前提下，对原文的表现方式和表现角度进行改写的方法。常用的翻译技巧包括直译、意译、音译、释义、套译、分译、合译、增译、省译、正译、反译、综合译等，教师在教学中要向学生灵活传授，需要学生掌握。此外，还有翻译的变译。

在现今信息时代，翻译工作不仅量大，而且要求速度快。很多时候人们只需要有用的信息，因此并不要求对全文进行翻译，而是对原文进行摘编、概括或压缩等，以适应快速的工作节奏。相应地，出现了很多翻译的变译，如摘译、编译、译述、缩译、改译、阐译、述评、译写等。所以，在进行翻译课堂教学时，教师不仅要训练学生的全译能力，还要重视训练学生的变译能力，全面提高学生的翻译水平。

（四）翻译的实践性

翻译实践本质上是让学生更好地掌握翻译技能，并在翻译理论指导作用下将翻译做得

更好。如何才能对翻译理论体系进行科学、系统的学习，使其在翻译教学中发挥作用，是教师翻译教学的重要内容。换言之，教师要将教学重点放在学生的翻译实践能力培养方面。

此外，实践性还要求翻译教学与市场接轨，加强实物翻译训练。换言之，教师不应将翻译教学局限于课堂教学中，而是应走出校门，尊重市场，重视市场需求，主动联系翻译用户，锻炼学生在真实的市场环境中提升自身的翻译水平。

第三节 大学英语翻译教学模式的构建

大学英语翻译教学是大学英语教学中的重要环节之一，在高校人才培养体系中的作用和地位不容小觑。然而，“高校对大学英语翻译教学重视不够，它并非一个系统工程，也缺乏整体规划；大学英语翻译课堂采用传统教学模式；非英语专业大学生英汉语言能力较差，缺乏翻译技巧训练，翻译能力有待于提高”①。因此，以下探讨大学英语翻译教学的相关模式。

一、多维信息输入翻译教学模式

多维信息输入翻译教学模式指教师在翻译课上传授翻译技巧时，根据实际教学内容，充分利用现代科学技术，将互联网、数据库、多媒体等融入课堂，让教学变得更加直观和生动的形式。在实际教学过程中，多维信息输入翻译教学模式作用可以体现在以下三个方面：

（1）在师生、生生、人机间实现互动。在传统的翻译教学中，师生互动只能被安排在所有练习结束之后，教师针对学生的学习情况进行讲评，学生之间很少有机会进行互动，学生在学习中遇到的问题和困难也很难被教师了解。但是，在互联网基础上开展翻译教学，可以使这些问题迎刃而解。通过多媒体技术监控功能，教师可以实时掌握学生的学习情况，使其整个翻译过程都处在教师的关注之下，翻译时所遇到的困难和问题可以被教师随时了解，同时，学生能够随时得到教师指导和帮助，教师能够随时随地进入网络平台，有针对性地与学生交流活动。

---

① 黎俊. 网络辅助大学英语翻译教学模式的构建［J］. 湖北科技学院学报，2014，34（10）：3.

（2）翻译教学能够从过去以教师为中心转变为以学生作为教学中心。现代信息技术对于提高人们自主学习能力有着明显的促进作用，教师要充分利用这一有利条件，精心设计信息化教学方案，自主学习活动的设计是否科学合理，关系到这些便利条件是否能为学生所用，并开展自主学习。在此过程中，教师要发挥应有的指导作用，合理设计学生的学习内容，保证教学内容与教学目标一致性，而学生则应根据教师建议及指导，对学习内容做出自主选择。

（3）开展情景教学。在理解语言和表达语言过程中，语境不仅对语义及语用有着制约作用，也有衬托作用。所以，翻译能够取得成功的关键在于能否准确把握原文语境。如果教师能够借助现代技术手段创设或者再现与原文相符的场景或形象，则能改变传统教学中呆板的模式和氛围，有效调动起学生的积极性和学习热情，让他们感受到真实情境；直观而形象的演绎还能够提升学生对翻译原文的感性认识，便于他们将译文与原文进行对比，并开展思索。

二、竞合探究翻译教学模式

竞合探究翻译教学模式最早源于“认知发现说”，是由美国教育学家所创立，这种教学模式借鉴合作学习的相关理论，注重培养学生发掘问题的能力，目的是树立学生积极进取的学习精神，培养他们的竞争能力与合作意识，也是当今形势下专业英语翻译应当具备的基本能力。

竞合探究模式研究和探讨的是怎样引导学生通过参与竞争以及合作学习完成翻译任务。合作的方式有多种，比如，教师与学生的合作、学生与学生合作、人与机器的合作、同质学习者之间的合作、异质学习者之间的合作等。在按照此模式开展学习过程中，教师可以通过建立小组学习档案、在小组间开展辩论等方式，激发学生的学习潜能，培养他们的协作精神。在探究针对异质学习者的教学模式时，教师可以根据学生的实际情况，将他们分成不同的学习小组，比如，按照学生学习成绩、性别、学习策略、家庭教育背景、性格等，以保证学习小组中学生之间在各方面做到优势互补。学习小组中的学生应当具有明确的责任意识，有平等合作的关系，能够相互鼓励，共同提高。

三、基于语料库的翻译教学模式

如今，翻译越来越离不开语料库的支持，二者关系日渐紧密。语料库是社会环境语言的集合，是人们在社会生产实践过程中语言的真实反映。语料库可以为语言的多领域研究提供参考材料，如利用语料库研究语言实例以及规范关系、研究语言使用频率与典型性关系等。在翻译研究领域，以语料库为基础，通过定性以及定量研究方法相结合，学者可以深入开展话语、题材以及语篇谋划方面的研究。伴随研究不断深入，当前语料库研究的主题更加宽泛，比如术语研究以及学生译文评价等。与此同时，语料库的种类也更加丰富，除了传统的语料库外，学者正在着力探讨一次性语料库等新型语料库。

从教学理论角度看，研究者对于译者培训方法也进行了进一步的讨论，由原来借助单语语料库开展培训，逐渐转变为研究双语语料库对于培训的作用，并且深入探讨这些语料库的潜在用途。

语料库对翻译教学具有重要作用：双语语料能够为翻译教材的编写提供资料，有助于推进教材改革；语料库有利于推动翻译课程革新，进而使之与人才培养目标相契合；利用语料库可以提升课堂互动效果。

（一）基于语料库的翻译教学

目前，在翻译研究领域，以语料库为基础的翻译研究（CBTS）已经成为越来越受欢迎的研究范式。无论是在理论方面，还是描写以及应用等方面，能够在给翻译相关工作带来积极影响的同时，给学者们研究翻译领域的问题提供动力，并使之产生浓厚的兴趣。

大型语料库的发展前景十分广阔，与之相适应的方法也会迎来蓬勃发展，二者不断完善将使学者对翻译文本本质有更深的理解。此后，翻译学者纷纷将语料库视为一种研究手段。伴随语料库的发展，越来越多的人意识到其对语言研究的重要作用，翻译教师也将其作为理解源语、提高翻译能力的有力工具。

语料库是一种规律性文本，以电子形式进行收集。在语言学及相关学科等领域研究中，语料库已经成为重要的研究素材。另外，语料库语言学逐渐演变成一个新的研究领域，很多研究者将其视为一种研究方法。因此，无论是在翻译领域的描写性研究，还是实践研究中，语料库的影响都日益凸显。

以语料库为基础的翻译研究可以分为两种：一是纯翻译研究；二是应用翻译研究。以语料库为基础的研究方法持续发展，并且已经形成比较完善的理论与实际相结合的方法论体系，为解决翻译领域的问题提供有效途径。

语料库不仅为翻译研究开拓新领域，也为翻译研究的深入开辟新渠道，有助于学者解释语言结构、语法以及词汇等方面的特征。借助语料库，可以更好地对译者的语言习惯进行分析，了解译者语言词汇的行业偏好。另外，语料库能够对特定历史时期的翻译规则进行梳理，发现不同时期的英语翻译特点，快速掌握性别差异以及相关政策对翻译的影响。与此同时，翻译规律的挖掘、翻译文本特征的分析、翻译趋势等对此都具有一定意义，还能够验证翻译领域的假说。

（二）语料库与翻译的普遍性

语料库对于翻译规律、文体特征的发现以及分析具有重要作用，对翻译未来的发展方向进行一定程度的预测。另外，翻译的普遍性得到翻译领域学者的认可，如翻译的普遍性指译文文本所具备的语言特征。换言之，不论原文是否能够体现这些特征，在译文中这些特点都会展现出来。

翻译普遍性具体可分为两类：一是源语型普遍性；二是目标语型普遍性。前者以原文以及译文二者关系为基础，重点关注译者如何处理源语文本；后者基于翻译文本以及原创文本关系，关注译者如何处理目标语语言。翻译普遍性的主要表现是：简略化、明确化、规范化、整齐化和集中化等。

（三）语料库翻译教学的优势

与传统翻译教学相比，以语料库为基础的教学模式，其优势更加明显，主要优势包括：一是文本电子化；二是分析多元化；三是数据直观化；四是结论科学化；五是成果有机化。

1. 文本电子化的优势

将源语文本与目的语文本做对比，是翻译教学过程中不可或缺的环节，该环节有助于提高学生对语言差异的灵敏度。因此，从这个角度而言，双语文本是翻译学习过程中重要的教学资源。

在传统翻译教学过程中，大多数教师给出的翻译例子基本上源于翻译教材，或者教师收集的语料，也可能是教师杜撰的事例，因此这些译例的准备不仅会耗费教师的大量精力，而且价值非常有限，不利于让学生深刻理解源语以及译语方面的差别，其教学效果也会受到影响。

以语料库为基础的教学模式，将会在很大程度上解决以上问题。其包含丰富的文本资源语料库能够为教师提供大量译例，有助于教师讲解不同语境下翻译的差别，因此语料库不仅降低了教师备课压力，而且借助对这些译例的归纳总结，也能够解决传统教学过程中译例不足的问题，增强译例的真实性，有助于学生快速领会不同环境中的翻译技巧，对于学生理解不同体裁的翻译技巧具有一定作用。因此，语料库的有效利用增加了教师与学生之间互动机会，使翻译课堂更加生动，提高课堂教学效果，提升学生的学习效率。

2. 分析多元化的优势

传统的翻译课教学多数是以教师为中心的翻译知识讲评模式。这种模式并未对翻译技能的提升给予应有的重视，所以难以做到根据学习者的具体情况因材施教。语料库的检索功能非常强大，动态语态能够实现共现，在翻译教学以及实践过程中，语料库能够为师生提供真实而自然的语料资源，而且向用户提供对事料的分析结果，学习者能够便捷地根据自己的兴趣以及具体情况选择学习内容，还能够配合教师制定教学的具体目标，与教师或同学就学习内容进行深入探讨，使学生可以真正成为学习的中心，有效提高学习者的翻译能力，进而教师根据每个人的情况因材施教。

3. 数据直观化的优势

在传统翻译教学模式下，师生可以利用的资源较为有限，教师所要传授的知识只能以单一形式呈现给学生，课堂上所组织的探讨也只能围绕翻译知识展开，对于如何提高学习者的翻译技能，如何培养他们在翻译时的思维及分析能力，则涉及较少。虽然有些教师已经意识到对翻译技能以及思维能力培养的重要性，但教师与学生之间的探讨与交流只局限于散乱的感性认识，并没有直观可靠的论据对这些感性认识进行认证，也无法将这些感性认识提高到理论高度。

语料库自带统计功能，能够对翻译文本的等值概率进行分析，以数据化形式分析某个结构或词在不同文本中的使用情况，进而帮助翻译教学的开展。在语料库中所检索到的各种语料，还能在各种统计软件辅助下获得相关分析，学习者可以体会到不同语境中翻译策略的运用方式，有利于提高学习者的翻译技巧以及策略。

4. 结论科学化的优势

在传统翻译教学和现代翻译教学过程中，需要对教学成果进行总结。传统翻译教学研究过程因为强调主观印象，因此对教学所做出的结论通常趋于抽象化，有时甚至缺少具体的数据支持。自从有了语料库作为教学辅助工具，不论是教师还是学生对教学做出的结论都有了翔实的资料和数字依据，所涉及的标准也较为客观，使得教学中所组织的讨论更富有实效，即便参与者所做出的结论各不相同，但是彼此也能够直观地了解对方所掌握的依据，使得讨论有理有据、言之有物。

5. 成果有机化的优势

语料库有着无限扩展的特殊功能，这样在语料库基础上进行的涉及翻译教学研究以及教学经验及成果，则能被保存和积累下来，用于今后翻译教学以及研究。对于传统的翻译教学来说，在语料库基础上进行翻译教学有着非常明显的优势。

第一，因为有了学习者的主动参与，语料的收集以及整理工作会变得更加便捷，而且因为每名学习者都有各自感兴趣的语料内容，他们会据此建立起自己的专门语料库，不仅对提高自身的语言能力大有帮助，而且令语料库的容量不断增长，功能不断丰富，今后进行翻译教学也会得到更多、更全面的语料。

第二，因为语料库拥有特殊的扩展功能，学习者进行翻译练习的一些作品能够被保存和累积下来，进而建立起学习者的专用语料库，为今后翻译教学提供服务。这种特殊的语料库能够让教师直观地了解学习者在翻译练习中存在的问题，从而有针对性地对教学内容及目标做出调整，还能对学习者建立的语库和专家语料进行对比，在此基础上引导学习者对译文做出修改，掌握更多翻译策略，让学习者拥有更多的翻译技巧，切实提高自身的翻译水平。

除此之外，经过对两个语料库的对比，学习者还能对自己的学习状况以及不足之处有明确了解，并在此基础上对努力的方向做出调整。所以，语料库能够帮助教师从横向上进行教学对比和分析，从纵向上累积所取得的教学成果，让教学更加连贯。

四、实用性翻译教学模式

实用性翻译教学模式指采取案例教学法的新型教学模式。哈佛商学院 MBA 教学中采用的就是案例教学法，这种教学法传入我国的时间是 20 世纪 80 年代。案例教学指教师在课堂教学过程中，将实际案例提供给学生，供他们进行学习讨论、评价分析，最终寻找到相应对策。

21 世纪以来，社会对于翻译人才的要求有了新的标准，翻译人员不仅需要具备英汉翻译方面的专业知识和能力，而且需要了解更多领域的专业知识，成为综合素质高的复合型人才。案例教学法在教学过程中不仅能够培养学生的英语专业能力，而且可以帮助他们接触到其他领域的更多知识。

第五章
大学英语翻译的语言层次与常用技巧

第一节　大学英语翻译的语言层次分析

一、大学英语翻译的语言层次——词汇

（一）词汇的翻译技巧

汉语和英语在语法和表述习惯方面有着诸多不同，故把汉语词语译成符合英语语法和表述习惯的英语短语时，须使用一些翻译技巧，包括“增词法、省略法、具体法、抽象法、词性转化法、视角转换法、结构调整法、归化法以及加注法等”①。译者只有知晓并掌握了这些技巧，再凭借好的英语语言基础包括句法和词法以及足够的词汇量，才能自如地进行汉译英活动。学生之所以会存在阅读的困难，一个最直接的原因就在于词汇不足。词汇量掌握的多少与学生阅读水平之间有直接的联系。学生认识的单词越多，他们的阅读障碍就会越小；学生认识的单词越少，他们的阅读障碍就会越大，阅读中遇到的困难也就越多。因此，要想不断提升学生的阅读水平，先要掌握更多的词汇翻译技巧。

1. 符合英语语法与表述习惯的增词法

汉译英时，首先，时常需要根据英语的语法和表述习惯，在汉语原文的基础上增添一些单词或词组；其次，当汉语原文的真实含义隐藏在字里行间而并未明确地得以表达，这样的句子译为英语时，一般可通过增词法把句子隐含的意思清楚地表达出来，以帮助读者理解其深刻内涵。

用增词法的原则是“增词不增意”，即译出隐意时不能增加或改变原句之意。当然，

① 余静娴. 大学英语通用翻译教程［M］. 北京：对外经济贸易大学出版社，2014：145.

有时为保持原文的风格和句子的特色，译者不能违背作者意图、把所有的隐含之义都清楚地译出，从而使译文变成白开水而失去许多意趣，致使读者失去思考和探索之乐。因此，译者既不能漏译原句的隐意，又不能把原著作者刻意要含蓄表达的隐意都“竹筒倒豆子”般地统统说白。换言之，译者要恰如其分在“undertranslation”和“overtranslation”之间找到平衡，避免走极端，避免使译文失去原文的风采。

2. 使用译文简洁流畅的省略法

把汉语译成英语时，可以省略不译出有些词汇和短语，以使英语译文更加简洁、流畅、地道。但是，使用省略法的前提是保持原文的意思不变，省略绝不等于漏译。

（1）省略汉语范畴词。许多汉语的名词性短语善用范畴词，而英语却相应地多用概括能力强、词义范围宽的抽象词。因此，要将汉语翻译成地道的英语，一般应将汉语的范畴词省略不译。

（2）省略汉语重复词。汉语中常常重复某个词汇，以达到强调等的特殊效果。但在英语中使用“重复”手段的频率远不如汉语为高。因此，汉译英时，可以让重复部分只出现一次，或在第二次出现相同内容时，用代词代替，从而避免累赘。

（3）省略意思相同细节描写。汉语中常常连续使用几个结构相同、意思相似的并列词组来达到一定的修辞效果。将其译成英语时，一般只需译出中心意思即可。

（4）省略汉语语气助词。汉语中常使用语气词“吗、呢、呀、啊”等来表达说话者疑问、惊讶、感慨等语气，译成英语时，常可省略。

3. 将具象词汇或成语抽象化

不少汉语的词汇或成语非常形象具体，但在英语中往往没有语义和形象完全与之对应的短语。若按照字面意思生硬地直译过来，读者或会感到非常费解。因此，译者不妨把这个“具象”的词汇或成语“抽象化”翻译，以使英语译文自然流畅，也能帮助读者领会其隐含的意思。

4. 词性的转化法

汉语和英语在某些词性的使用频率上习惯不同。一般而言，汉语是偏“动态”的语言，其动词的使用频率较高，连动式和兼语式等结构也常出现，而英语是偏“静态”的语言，相对而言，名词和介词的使用频度较高。因此，把一些汉语动词译成英语时，须按照英语的表达习惯，适当改变这些汉语动词的词性。其他词性的汉语词汇译成英语时，有时也需要转换词性翻译，以使译文更为地道。

（1）根据动词转换为英语名词。

例：采用这种新装置可以大大提高效率。

译文：The adoption of this new device will greatly improve the efficiency.

（2）根据动词加副词转换为英语形容词加名词。

例：物价上涨得那么快，老百姓简直难以应付。

译文：Ordinary people simply cannot cope with such sharp rises in prices.

（3）根据动词转换为英语副词。

例：他打开窗户，让新鲜空气进来。

译文：He opened the window to let fresh air in.

（4）根据动词转换为英语介词。

例：教师捧着试卷走进了教室。

译文：The teacher entered the classroom with the examination papers in her arms.

（5）根据形容词转换为英语动词。

例 1：听到敲门声，帕克很紧张。

译文：Parker tensed at the soft knock.

例 2：这个湖很臭。

译文：The lake smells.

（6）根据名词转换为英语动词。

例：女神狄刻是正义的化身。

译文：The goddess Dice personifies justice.

（7）根据名词转换为英语形容词。

例：这名伤者被迅速送往医院。

译文：The injured was quickly sent to the hospital.

（8）根据名词转换为英语副词。

例：严格的训练使他们身心疲惫。

译文：The strict training made them tired，both physically and mentally.

5. 依据汉英各自表达习惯的视角转换法

有些汉语词汇在英语中找不到对应的词汇，这时就需要转换一下视角以寻找到翻译的突破口。此外，根据汉语和英语各自的表达习惯，有时需要把从正面表述的汉语翻译成从反面表述的英语，或者把从反面表达的汉语翻译成从正面表达的英语，类似于英译汉中的正反译法。

例 1：她们虽是妯娌，但关系却不太好。

译文：Although their husbands are brothers，they are not on good terms with each other.

例 2：赶紧完成你的作业吧。

译文：Don't lose time in finishing your homework.

例 3：她拉上窗帘，不让阳光进来。

译文：She drew the curtain to keep the sunshine out.

6. 改变形容词与副词语序的结构调整法

（1）名词前有多个形容词修饰时，这些形容词在汉语和英语中的位置是不尽相同的。因此，在汉译英时，要根据英语习惯改变这些形容词的前后次序。

例：这本书介绍了优秀的德国现代建筑。

译文：This book gives an introduction of outstanding modern German architecture.

（2）汉语常把表示时间、地点等的定语置于被修饰名词之前，译成英语时，一般要把这种定语后置。

例 1：他没有出席上个星期的会议。

译文：He didn't attend the meeting last week.

例 2：你看过《霓虹灯下的哨兵》吗？

译文：Have you seen *Sentinels under Neon Lights*?

7. 选用英语同义词组的归化法

有些汉语词组恰好能在英语中找到意思极为相似的对应词组。此时，不妨将英语中与之相对应的词组作为其译文，以使英译文更加符合英语的文化背景、更易于被英语使用者接受。

例 1：丁字尺

译文：T-square

解析：该汉语词汇以“丁”字来生动而形象地描绘了这种尺子，令人一目了然。但把该词组译成英语时就有麻烦，因为许多外国人并不认识汉字。而且汉字“丁”是利用其字形来描述尺的形状，而并非利用其意。所幸，英语 26 个字母中的“T”恰好与汉语“丁”字极为相近，因此翻译时可用“T”来代替“丁”，起到相似的表述作用。

例 2：一箭双雕

译文：kill two birds with one stone

解析：该汉语成语恰好在英语中有个意思雷同的成语与之对应。尽管“箭”与

“stone”、“雕” 与 “bird” 概念并不等同，但两个短语所表达的含义却是如出一辙。所以可用英语成语来译汉语成语，保持原文的精彩妙趣。

例 3：咬紧牙关

译文：bite the bullet

解析：在得不到麻醉药的情况下，医生给伤员动手术时会让他们嘴巴紧紧咬住毛巾或皮带（在战场上或是子弹），以此保护舌头、帮助伤员缓解手术过程中的剧烈疼痛。

于是该英语短语就沿用至今，并被赋予抽象的含义。这一英文短语无论在具体还是在抽象的含义上都可与此汉语短语相对应。

还有下列的例子可说明此译法：

例 4：挥金如土

译文：spend money like water

例 5：得寸进尺

译文：give sb. an inch and he will take a mile

例 6：这个踌躇满志的大学毕业生认为自己有点石成金的本领。

译文：The ambitious university graduate thought that he had the Midas touch.

解析：根据希腊神话的描述，酒神狄奥尼索斯赐给佛里几亚国王 Midas 一种力量，使他能把手触摸过的东西都变成金子。此英语短语恰好对应汉语之意，且形象生动。

8. 使汉语文化内涵更加清晰的加注法

汉语中许多词汇具有本族特有的丰富文化内涵。译成英语时，仅靠用增词法还不足以把相关的文化背景介绍清楚，此时就须借助详细注释，帮助读者明白汉语句子的真实含义及其相关文化背景。

例如：佛跳墙是一道福州传统名菜。

译文：Buddha Jumping over the Wall（*Stewed Shark Fins with Assorted Seafood*）is a famous traditional dish in Fuzhou.

Note：It is a name after a legend saying that even Buddha could not resist the temptation of the dish and jumped over the wall of the temple to taste it.

（二）词语的翻译类别

句子和篇章都是由词语组成的，要做好翻译，必须重视词语的翻译。“英语和汉语有着大致相同的词类，实词中都有名词、动词、形容词、副词、代词、数词，虚词中都有介词和连词。"① 所不同的是英语中有冠词，而汉语中有量词和语气词。

1. 名词翻译

英汉名词特点基本相同，都表示人、地方和事物的名称，但英语倾向于运用名词来表达某些在汉语中常以动词表达的概念。因此，就词类而言，英语中以名词占优势，即英语倾向于多用名词。

（1）英汉专有名词翻译。专有名词是指人名、地名、机构团体名和其他具有特殊含义的名词或名词词组。

1）英汉的人名。

第一，英汉姓名的顺序差异。汉语先说姓后说名，如：李四光，"李"是姓，"四光"是名。而英语相反，即先说名后说姓。如 Benjamin Franklin，Benjamin 是名，Franklin 是姓。

第二，英汉姓名的组成差异。汉语人名是由"姓+名"构成，其中姓有单姓和复姓，名也有单名和双名，比如，诸葛孔明，"诸葛"是复姓，"孔明"是双名；司马光，"司马"是复姓，"光"是单名；陈景明，"陈"是单姓，"景明"是双名；田汉，"田"是命名，由父母命之；第二个名即中间名，是教名，由教堂的牧师或神父命之。习惯上欧美人都有两个名，但第二个名很少用，常常只写首字母或省略。

第三，人名的翻译原则，见表 5-1。

表 5-1 人名的翻译原则

类别	内容
名从主人	名从主人原则是指在翻译人名时，要以该人名所在国的语言发音为准，不能从其他文字转译。也就是说译英国人名时要以英语的音为准，译中国人名要以汉语的音为准，译法国人名要以法语的音为准，即是哪个国家的人名，就以哪国的音为准。比如，John 约翰，李明 Li Ming
约定俗成	约定俗成原则是指有些人名在长期的翻译实践中已经有了固定的译法，已为世人所公认，一般不轻易改动，即使译名不够妥帖。在以往的翻译中不乏这样的例子，比如，英国作家 George Bernard Shaw 应该译为"乔治·伯纳·肖"，但是过去一直被译为"萧伯纳"，这个中国化了的译名一直沿用下来。再如英国作家柯南道尔的小说中的主人公 Holmes 惯译为"福尔摩斯"，尽管按读音应译为"霍姆斯"。在汉译英中，也是如此，如孙中山译为 Sun Yat-sen，一直沿用至今

① 金朋荪. 大学英语翻译理论与实践［M］. 武汉：华中科技大学出版社，2009：102.

2）地名的翻译。

第一，地名的翻译原则。地名的处理同历史、国情、语言及习惯等都有关系，一般要遵循以下原则，见表5-2。

表5-2 地名的翻译原则

类别	内容
名从主人	地名翻译仍然要遵循“名从主人”原则，就是说翻译地名必须遵照原来的读音。如Paris按英语的读音应译为“巴黎斯”，但由于在法语中“S”不发音，所以译为“巴黎”
约定俗成	地名具有社会性，应有相对的稳定性，一经约定俗成，就代代相传。所以，已经被广泛接受的译名，不要轻易改变。如俄罗斯首都一直被译为“莫斯科”，这是按英文Moscow音译的，如按俄文应为“莫斯克娃”；再如Greenwich一直沿用“格林威治”的译名，虽然它的标准译名应该是“格林尼治”

第二，地名的翻译方法，见表5-3。

表5-3 地名的翻译方法

类别	内容
音译法	音译法也是翻译地名的最常用方法。在翻译时同样遵循前面关于人名翻译时讲到的准则，即要保证音准，不用联想词和生僻字，翻译时可省略不明显的音，但不能添加音。如英语地名London译为“伦敦”，Chicago译为“芝加哥”。 汉语地名的英译一般用汉语拼音进行音译，如“山西”译为Shanxi，“上海”译为Shanghai
意译法	意译法是指根据原文的意思，按照目的语的构词法进行翻译。有些地名有明确的意义，这种情况多采用意译，如Thursday Island译为“星期四岛”（因探险者于星期四发现它而得名），Long Island译为“长岛”，the Pacific Ocean译为“太平洋”，Red Sea译为“红海”，Pearl Harbor译为“珍珠港”等
音意混译法	音意混译即一半用译音，一半用译意来翻译一个地名，如Northampton译为“北安普敦”，New Zealand译为“新西兰”，New Mexico译为“新墨西哥”等。一般由具有词义的词和不具有词义的词组成的地名，可采用音意混译法

（2）英语普通名词翻译。

1）名词译为名词。

第一，英语中的名词多数都可以译为汉语中的名词。

例1：We found the *hall full*.

译文：我们发现礼堂坐满了。

例 2：The *flowers* smell sweet.

译文：花散发着香味。

第二，增加范畴词。抽象名词有时候说明人和事物的性质、情况、动态、过程、结果等，有时候又是具体的人或事物，这些词若直译，不能给人具体明确的含义，因此，翻译时往往要在汉语的抽象名词后面加上范畴词“情况”“作用”“现象”“性”“方法”“过程”等来表示行为、现象、属性，使抽象概念更具体些。

2）转译为动词。

第一，含有动作意味的抽象名词往往可以转译成动词。

例 1：A careful *study* of the original text will give you a better translation.

译文：仔细研究原文，你会翻译得更好。

包含有动词意味的 study 译为了汉语的动词“研究”。

例 2：The *sight* and *sound* of our jet planes filled me with special longing.

译文：看到我们的喷气式飞机，听见隆隆的机声，令我特别神往。

含有动词意味的 sight 和 sound 分别译成了汉语的动词“看到”和“听见”。

第二，由动词派生的抽象名词往往可转译成汉语动词。在英译汉中，常将那些由动词转化或派生而来的行为抽象名词，转译成汉语的动词，以顺应汉语多用动词的习惯。

例 1：Enough time has passed since Dolly´s arrival for a sober，thorough *assessment* of the prospects for human cloning.

译文：多利出生以来，人们用了足够多的时间，审慎而详尽地评估了人类克隆的前景问题。

arrival 译成汉语动词“出生”，名词 assessment 译成动词“评估”，读起来更顺畅，符合汉语用词习惯。

例 2：In spite of all the terrible *warnings* and *pinches* of Mr. Bumble，Oliver was looking at the repulsive face of his future master with an expression of horror and fear.

译文：尽管本伯尔先生狠狠警告过奥利弗，又在那里使劲掐他，他还是带着惊恐害怕的神情望着他未来的主人那张讨厌的脸。

句中的英语名词 warnings 和 pinches 分别译成了汉语的动词“警告”和“掐”。

（3）英语名词复数翻译。名词复数在英语中广泛使用，在汉语中若该复数概念是可以意会的，汉译时一般不必把复数译出来。但有些情况下，需要明确表达原文含义或符合汉语的习惯，则须将复数译出。这时英译汉通常采取增词法或重复法表达名词的复数。

1）省译名词复数。由于汉语名词的复数不是通过词形变化表示的，因此，英语名词复数在汉译时通常不必译出来。英语的某些名词，总是以复数形式出现，这是因为它们表示的物体总是由两部分构成。比如，glasses（眼镜），trousers（裤子），shorts（短裤），knickers（短衬裤）等。汉译时，这些词不必译为复数。

2）增词法翻译名词复数。通常而言，汉语是通过加数量词或其他词的方式表示复数的，而英语是用名词的形态变化表示复数的。一般而言，在英语复数名词译成汉语时，根据上下文需要，可在名词前加定语“一些、各（诸）、成批（群、堆等）的”，或在名词后加复数词尾“们、群、之流”等表达。

3）用重复法翻译名词复数。为了加强名词本身或使译文明确、通顺，不至于造成逻辑混乱，常常采用名词重译的方法。

2. 代词翻译

代词可以代替词、词组、句子甚至一大段话。英语代词分为下列八种：人称代词、物主代词、自身代词、相互代词、指示代词、疑问代词、关系代词、不定代词。汉语代词有三种：人称代词、指示代词、疑问代词。

（1）英语代词翻译。

1）人称代词和物主代词。

第一，省略做主语的人称代词，见表 5-4。

表 5-4 省略做主语的人称代词

类别	案例分析
根据汉语习惯	根据汉语习惯，前句出现一个主语，后句如仍为同一主语，主语就不必重复出现。英语中通常每句都有主语，因此人称代词做主语往往多次出现，这种多次出现的人称代词汉译时常常可以省略。 例 1：I had many wonderful ideas，but *I* only put a few into practice. 译文：我有很多美妙的想法，但是付诸实践的只是少数。 后句中的主语是人称代词 I，由于和前句中的主语相同，因而汉译时省略了这个人称代词。 例 2：He was happy and *he* must have finished his homework. 译文：他很高兴，一定是完成作业了。

续表

类别	案例分析
人称代词做主语时	英语中，泛指人称代词做主语时，汉译时也可以省略。 例 1：*We* live and learn. 译文：活到老，学到老。 做主语的人称代词 We 表示泛指，因而在译文中省略。 例 2：—When will he arrive? —*You* can never tell. 译文：—他什么时候到？ —说不准。 做主语的人称代词 you 表示泛指，翻译时可省略。 例 3：The significance of a man is not in what *he* attained but rather in what *he* longs to attain. 译文：人生的意义不在于已经获取的，而在于渴望得到什么样的东西。 做从句主语的人称代词 he 表示泛指，翻译时都省略了

第二，省略做宾语的人称代词。英语中有些做宾语的代词，不管前面是否提到过，翻译时往往可以省略。

例 1：The more he tried to hide his mistakes，the more he revealed *them*.

译文：他越是想要掩盖他的错误，就越是容易暴露。

做宾语的代词 them 省译了。

例 2：Please take off the old picture and throw *it* away.

译文：请把那张旧画取下扔掉。

例中省译了做宾语的代词 it。

第三，省略物主代词。英语句子中的物主代词出现的频率相当高。一个句子往往会出现好几个物主代词，如果将每个物主代词都译出来，译文就会显得啰唆。所以，在没有其他人称的物主代词出现的情况下，在翻译时物主代词大多被省略。

例 1：I put my hand into *my* pocket.

译文：我把手放进口袋。

例 2：She listened to me with *her* rounded eyes.

译文：她睁大双眼，听我说话。

第四，有时为了加重语气或避免产生误会，要将代词译出。

例如：The workers and *their* families were starving.

译文：工人和他们的家属在挨饿。

第五，根据上下文进行翻译。英语中的代词表示泛指时，要根据上下文进行翻译，而不能进行照译。

例 1：We have shortcomings as well as good points.

译文：人人都有优点，也有缺点。

We 泛指人们，译做“人人”。

例 2：You can never tell.

译文：谁也无法预料。

You 泛指一个人、任何人，意思接近 one，译做“谁”。

例 3：*They say* that we are going to have a new school.

译文：听说我们将会有一座新学校。

此句主语 They 泛指人们、大家，They say 可译为“听说，据说”。

2）关系代词、指示代词和不定代词。

第一，关系代词。英语常用的关系代词有 who、whose、whom、which 等。关系代词所引导的定语从句如需分开译，则关系代词的译法与人称代词及物主代词的译法基本上相同。

第二，指示代词。首先，英语的 this（these）和 that（those）有着严格的区别，除了表示“这（些）”“那（些）”之外，this（these）指较近的事物，或下文将要提及的事物；that（those）指较远的事物，或者上文已提及的事物。而汉语的“这”与“那”区别较小，一般来说，that 常可译成“这”。其次，有时英语在前一句中提到两个名词，在后一句中就用 this（these）指第二个名词，用 that（those）指第一个名词。翻译时，汉语常重复原词，而不用“这”与“那”。

第三，不定代词。首先，some 和 others 常一起用于英语复合句中，汉语译成“有的……，有的……”“或……，或……”。其次，one… another… a third… 用于复合句中，是表示许多并列的事物，汉语译成“一（个）……，一（个）……，一（个）……”或其他表示并列的句型。

（2）汉语代词翻译。汉语的代词分为人称代词、指示代词和疑问代词三类。

1）人称代词。汉语常见的人称代词基本形式为：我、你、她、他、它。在它们的后面增加“们”字，可构成它们的复数表达形式。“自己”是一个复称代词，如果句子的主语是人称代词或指人的名词，后边又需要复称主语的，便用“自己”。汉语中，还有

"咱、咱们、我们"，表示听话人在内的所有人。汉语使用代词比较少，如果句子能读明白，一般就不加代词，以使句子简洁；有时为了避免重复名词，也使用代词，因此，翻译人称代词时要根据具体情况进行翻译。

第一，增补人称代词。英语通常每句中都要有主语，因此，翻译时要补充人称代词，以符合英语语法习惯。

例 1：漏电会引起火灾，必须好好注意。

译文：Leakage will cause a fire，*you* must take good care.

例 2：如果有时间就来串门。

译文：If *you* are free，please drop in.

以上两例都是无主语句，但翻译成英语时译成了复合句，要增加主语 you，使句子完整。

第二，增补物主代词。汉语的很多句子的逻辑关系明确，不需要用物主代词；但英语中涉及人的器官、所有关系、有关的事物时，都要用物主代词。因此，英译时应该增补物主代词，使关系清楚。

例 1：他们在做化学试验。

译文：They are doing *their* chemical experiments.

增补了物主代词 their。

例 2：她费了不少劲才找到回家的路。

译文：It was with some difficulty that she found the way to *her* own house.

增补了物主代词 her。

例 3：他耸耸肩，摇摇头，两眼看天，一句话说不出。

译文：He shrugged *his* shoulders，shook *his* head，cast up his eyes，but said nothing.

句中增补了三个物主代词 his。

第三，增补反身代词。汉语的一些句子的反身代词是隐含的，英译时应该补上，尤其是一些做宾语或同位语的反身代词。

例 1：为什么我们扇扇子会感到凉快？

译文：Why do we feel cooler when we fan *ourselves*？

译文中的反身代词 ourselves 在从句中做宾语。增补了反身代词会使句意更完整，即把汉语隐含的内容翻译出来了。

例 2：她由于工作落后而感到惭愧。

She was ashamed of *herself* for being behind in her work.

herself 在译文中充当介词 of 的宾语。

例 3：昆虫到冬天就蛰伏起来了。

Insects hide *themselves* in winter.

第四，人称代词照译。汉语的一些人称代词在句中的用法同英语相似，因此，译成英语时可以照译。

例 1：电子计算机为我们节省了大量时间。

译文：The electric computer saves *us* much time.

例 2：咱们今天觉得怎么样，琼斯先生？

译文：And how are *we* feeling today，Mr. Jones？

例 3：大家都说物价又要上涨了。

译文：*They* say prices are going to increase again.

2）指示代词。汉语的指示代词基本形式是"这、那"，由此衍生出的常用指示代词有：表示处所的"这儿、那儿、这里、那里"；表示时间的"这会儿、那会儿"；表示方式的"这么（做）、那么（做）、这样（做）、那样（做）"；表示程度的"这么（高）、那么（高）"等。

第一，增补指示代词。英语中常用指示代词来代替句子中曾经出现过的名词，但汉语对出现过的名词常常省略，因此在汉译英时需要增补指示代词。首先，在英语的比较句式中，常常用指示代词来替代前面提到的事物，以避免重复。其次，汉语中表示自然现象、时间、距离、天气等情况时，多用无人称句；但英语的句子必须有主语，因此，译成英语时要增补主语，所增补的主语通常是 it。最后，有时为了英语语法的需要，翻译时要增补形式主语或形式宾语。

第二，照译指示代词。

例如：这是一座现代化的工厂。

译文：*This* is a modern factory.

3）疑问代词。汉语中常见的疑问代词有谁、哪、哪儿、哪里、怎、怎样、怎么、怎么样等。汉语和英语都把疑问代词用在疑问句中，并且都有相对应的词，所以，通常在汉译时可以照译。

例 1：谁在隔壁房间打字？

译文：*Who* is typing next door？

例 2：哪儿能买到邮票？

译文：*Where* can I buy some stamps?

例 3：我怎样才能找到好工作？

译文：*How* can I find a satisfactory job?

3. 冠词翻译

冠词是一种虚词，本身不能独立，只是附着在一个名词前帮助说明这名词的含义。英语中的冠词有不定冠词 a（an）和定冠词 the。汉语中没有冠词。

（1）不定冠词 a（an）的翻译。

在以下情况中，不定冠词 a（an）具有一定的意义，是必须译出的。

汉语“量词”很多，翻译时需要注意搭配，有所选择。翻译时不能见到 a 就译成“一个”，而不考虑“个”是否和后面的名词相配。

（2）定冠词 the 的译法。

1）定冠词 the 在汉译时常省略。在汉语中，名词是泛指还是专指，类指还是特指，往往从上下文或者语境中可以知道，所以一般不需要指示代词“这”或“那”。因此，在汉语译文中，定冠词 the 常省略。

2）定冠词 the 译成“这”“那”或其他词。第一，冠词在指示性作用较强的地方可以翻译出来。在指示性作用较强的地方，定冠词 the 可以翻译出来，因为有些名词要是不加“这（那）”就容易和别的事物混淆。第二，名称替换。英语中，有时候提到一个人或一件事物，以后再提的时候却变了一个说法，这就是名称替换。用这样的方法，很多时候都要用到定冠词（或物主代词），在翻译的时候有两种处理办法。

（3）冠词与抽象名词或具体名词连用的译法。

1）冠词与抽象名词连用，可化抽象为具体。

第一，由动词派生的抽象名词前使用不定冠词。由动词派生而来的抽象名词前使用不定冠词，可使这些名词不再表示泛指而表示部分具体意义，因此，不定冠词可译成“一类、一种、一个”等。

第二，由形容词派生的品质抽象名词前使用不定冠词。由形容词派生的品质抽象名词前也可以使用不定冠词，使这些名词表示部分具体意义，如表示品质或情状，因此，不定冠词可译成“一种”“一方面”等。

第三，抽象名词前用定冠词，表示比较具体的行为、品质。抽象名词前用定冠词，可使其具有特指性质，它表示的就不再是泛指意义而是比较具体的行为、品质了。

2）定冠词和具体名词连用，可化具体为抽象。

第一，定冠词与表示人体部位的名词连用。表示人体部位的名词，特别是感官方面的名词，如 eye、ear，其单数形式与定冠词连用并不指“眼”“耳”等具体的东西，而是转指“视觉”“听觉”等抽象概念。

第二，定冠词与表示工具的名词连用。定冠词与一些表示工具的名词连用时，可转指与这些名词有联系的抽象概念。

4. 副词翻译

（1）英语副词翻译。英语副词是说明时间、地点、程度、方式概念的词，一般情形下可以修饰动词、形容词、副词或全句，表示状况或程度。

1）英语副词可以译成汉语的副词、形容词、动词、名词代词、独立句、关联词等。

2）副词词序及其翻译。英语副词位于英语句首、被修饰词之前或介于被修饰部分之间，汉译时，位置可以不变。

（2）汉语副词翻译。汉语的副词是表示动作、行为、性质、状态等在程度、范围、时间、情态、频率、否定、语气等方面不同情况的词。副词主要用作状语，像“很、极”可以放在形容词后做补语。汉语的副词可以译成英语的副词、形容词、名词、动词、介词。

5. 动词翻译

英、汉两种语言的最大差异之一，便是体现在动词的运用上。汉语和英语相比，汉语动词灵活多变，具有极强的表现力，这有三个方面的原因：第一，汉语属综合性语言，其动词没有形态变化，一个句子中可以连用几个动词；英语一般来说一个句子只有一个动词。第二，在英语中，许多名词、介词短语、副词等具有动词的特点。第三，汉语动词除可以做句子的谓语外，还可以做句子的定语、补语、主语、宾语；而英语的动词一般来说做句子的谓语。因此，翻译时，需要注意这些特点。

（1）汉语动词翻译。汉语动词具有极强的表现力，综观其使用方法，大致可分为三类：一是动词独用；二是动词连用；二是动词叠用。

1）动词独用的翻译。汉语动词单独使用时，在翻译中，可以照译或依据情况转译为英语中的名词、形容词、介词、副词等。

2）动词连用的翻译。所谓动词连用，指的是在一个句子中连续使用两个或两个以上的动词，这在汉语中是极为普遍的。汉语中动词连用有“连动式”结构和“兼语式”结构。而在英语中，如果要在一个句中描述两个以上的动作，则必须对动词做一些处理，要么使用动词的非谓语形式；要么加连词使其成为并列成分；要么使动词变成其他形式，如名词、介词短语等；有时也可省略某个动词。

3）动词叠用的翻译。叠词（reduplicated word）是汉语的一种特殊词汇现象，使用非常普遍。汉语的名词、数词、量词、形容词、副词、动词以及拟声词都有重叠变化。重叠词可使语言生动活泼，更富有感染力。

（2）时态翻译。

1）英语时态的翻译。

第一，一般现在时。一般现在时主要表示经常性的动作或现在的特征或状态，还可用来表示普遍真理。一般现在时还可以用在条件和时间状语从句中表示将来的动作，用来代替一般将来时。

谓语动词一般采用直译的方法，有时还可以在动词前用“可以……”“会……”等。

第二，一般过去时。一般过去时主要表示过去某时发生的动作或情况（包括习惯性动作）。有些情况，发生的时间不很清楚，但实际上是过去发生的，应当用过去时态。

一般过去时的译法比较简单，一般不需要添加什么副词或者助词来表示过去时，这是因为汉语习惯上不需要明确表示动词的时态。根据上下文，或者借助句子里的时间状语，便可表达过去时。但是有时候为了更加准确地翻译，或者为了强调起见，也可在动词前后添加“已经”“曾”“……过”“……了”等字，或者在句首添加“以前”“当时”“过去”等时间副词。

第三，一般将来时。一般将来时态表示将要发生的动作或存在的状态。翻译这种时态时，大都可以在动词前面添加“将要……”“会……”“便”“就”等词。

第四，进行时态。现在进行时表示某一时刻或某一时段正在进行的动作，译为汉语时，译文中有“着”“在”“正在”“不断”等体现进行时的词。

第五，现在完成时。翻译现在完成时，可在动词前面添加时间副词“已经”和在后面添加助词“了”“过”或者“过……了”。

2）汉译英中的时态表达。汉语句子的时态通过词来表示，其中包括副词、助词以及时间短语等。

第一，通过一些特定词进行翻译。首先，如果句子用“着”“一直/不断/不停”“在”“从……来”“向……来/去”“边……边……”，那么句子的时态为进行时。在没有时间状语的情况下，可以翻译成现在进行时态，现在完成进行时态或者过去完成进行时态。其次，如果句子用“将要”“要”，那么句子的时态为将来时态。如果句子用“要/快要……了”，那么句子的时态为将来完成时态。如果句子用“已经在……了/呢”，那么句子的时态为完成进行时态。最后，如果句子用了“了”“已经”“完”“好”“掉”“成”，那么句子的时态一般为完成时。在没有时间状语的情况下，可以翻译成英语的过去时态、现在完成时态或者过去完成时态。

第二，不同的理解，不同的翻译。汉语句子的时态意义主要是靠语境提示，即使有一些特定的词起到了提示作用，它们与英语也并非一一对应。下面的例子中，由于语境或理解的不同，翻译时须斟酌。

（3）被动语态翻译。被动语态是英语动词的一种变化形态，表示句子的谓语动词和其主语之间存在逻辑的动宾关系。被动句的主语实际上是谓语动词动作的承受者。被动语态的广泛使用是英语有别于汉语的又一个特点。被动语态的出现多为下列四种情况：不知道或者不必说出动作的执行者是谁；动作的承受者是谈话的中心；出于礼貌、措辞选用等方面的考虑，不愿意说出动作的执行者是谁；为了上下文的衔接或者句子的合理安排。

汉语中也有被动句，但使用范围较狭窄，许多被动意义的句子是用无主句的形式来表达的。汉语的被动语态表现为三种形式：显性被动，用“被”“让”“叫”“给”及“由”等介词做语态标定的句式；半显性（半隐性）被动，用“加以”“……是……的”“……的是……”及“……为……所……”等句式；隐性被动，即逻辑上的被动以形式上的主动表示。

1）英语被动语态的翻译。英语中的被动语态，在多数情况下要译成符合汉语习惯的主动语态，也有少数保留被动语态。

第一，译成汉语的主动句，见表5-5。

表5-5 译成汉语的主动句

类别	内容
保留原文中的主语	在将被动句翻译成汉语的时候，有时可以将原文中的主语仍做译文中的主语
将原文中的主语转译成宾语	将原文中的主语翻译成宾语。如果原句中没有施动者，在必要的情况下还可以在译文中添加相应的主语如“人们”“大部分人”“大家”等
译成无主句	当无须说出行为主体时，或者在没有动作发出者的被动句中，有时可以将被动句翻译成无主句。一般而言，英语中不带by短语并含情态动词的被动句都可以采用这种译法。 翻译时，将原句的主语译成宾语，放在动词后面，也可以加“把”“将”“对”等词将宾语放在动词之前。英语中有些特殊的被动句是由短语中的名词做主语构成的，翻译时可以将原句的主语和谓语合译成汉语无主句的谓语

续表

类别	内容
译成带表语的主动句	汉语中常用“……是……的”这一句式来说明人和事物的客观情况。一般而言，英语中用来说明客观情况的被动句都可以转译成汉语的这一句式
以 it 为形式主语的句子	部分以 it 为形式主语的句子，在译成汉语时常常要改变成主动形式。译文有时不加主语，有时需要加入不确定的主语，如“有人”“大家”“人们”“我们”等

第二，译成汉语的被动句。当英语被动句在语义上着重谓语动词本身的意义时，可译成汉语的被动结构。

2）汉语被动语句的翻译。与英语相反，汉语常用意义被动式，少用结构被动式。翻译时，常用英语的被动式表达。

（4）虚拟语气翻译。虚拟语气（the subjunctive mood）表示说话人所说的话不是事实，或者不可能发生，而是一种愿望、建议、猜测或与事实相反的假设等。

英语通过动词形态变化来表述虚拟语气，而汉语主要利用词汇手段来表述。现代汉语用以表示虚拟的词语范围比较广，但主要是以下三类词语：

参与组成谓语部分的前置助动词。第一，表示能力和可能性：能、能够、可以、会、可能等；第二，表示意愿和意向：愿、愿意、情愿、敢、肯、乐意、想、要等；第三，表示推测和必要：应、应该、当、该、得等。

参与加强或限定谓语成分的副词。第一，就、就会：“就”以及“就”与助动词“会”的搭配式“就会”是表示“假设”的最重要的副词。“就”是一个表示强调的副词：“我要是你，我就去。”这时的“就”是不可少的，不能省的。“就”之前还可以加“早”，作为对“就”的强调。“就”的基本作用是加强。第二，本、本来、原本（是）：也是现代汉语中参与构成假设陈述重要的副词，其作用是限定。第三，竟：“竟”是表示出乎所料的一个副词，其作用是加强。一般而言，现代汉语表示“假设”的谓语形式就是以上两类情态辅助性词语与动词的组合，一般结构形式是：“副词+助词+动词”。

引导条件句的连接词。一般而言，现代汉语在复句中表达假设的含义，是通过连词引导条件句来完成的。这样的连词包括如果、假如、假设、假定、假若、若、倘使、倘、若使、设若、要是。

英译汉时，要根据各种谓语动词的形态、表示假设的连词以及特殊的句子结构和某些特定的词语来判定虚拟语气的类型，并加以恰当的表达。

第一，虚拟条件句及其翻译。虚拟条件句，即非真实条件句中，条件从句及主句所用谓语动词的形式，根据时态的不同，可以分为三种：与现在事实相反、与过去事实相反、与将来事实相反。句中的条件从句和结果主句都须用虚拟语气。

第二，汉语虚拟语气及其翻译。首先，有虚拟标志的汉语句。根据汉语的词汇手段，即虚拟标志，大体可以从字面上判断出汉语的虚拟语句。然后用相关的英语虚拟语句译出。其次，隐性虚拟汉语句。对没有虚拟标志的汉语语句，即汉语的隐性虚拟表达，一般可通过句子的逻辑含义来判断。如果是虚拟语句，则用相应的英语虚拟语句译出。

6. 连词翻译

连词是连接词与词、短语与短语、句与句的词。连词可分为两类：并列连词和从属连词。并列连词是用来连接同等的词、短语或分句的；从属连词是用来引起从句的。

（1）英语连词翻译。

1）省略不译。英译汉时，有些连词在很多情形下可以不译，特别是一些在句子里只起连接作用而本身并无意义的连词，一般可以略去不译。

2）照译。有些连词在句中除了起连接作用外，本身也具有一定的含义，特别是一些连词短语，具有很强的含义，如果省译会影响对句子的理解，就要照译。

3）转译。英语的连词除了可译为汉语的连词外，还可根据原句中的关联作用译成汉语中的副词、介词、助词、动词。

（2）汉语连词翻译。在汉语中，词与词、短语与短语、分句与分句不一定需要连词连接。比如，“文（学）艺（术）界”“好好学习，天天向上!”“王老师工作一贯认真负责，这次被评为‘优秀班主任’”。

在以上三例中，词与词、短语和短语、分句与分句之间没有用连词连接，这叫意合法，是汉语句法的特点之一。

如果需要，可用连词，如“红与黑”“不但要看到问题的表面，而且要看到问题的实质”。此外，还可用副词连接，如“又热又累”“越干越有劲”“感觉只解决现象问题，理论才解决本质问题”。

二、大学英语翻译的语言层次——句式

（一）句式的结构分析

英汉两种语言在句法结构上存在很多不同之处。但限于篇幅，以下只侧重研究三种最

主要的结构：形合与意合结构、被动结构和变异结构。

（1）形合与意合结构。英汉两种语言之间存在着很大的差异。仅就句子结构来说，一般认为英语较为严谨，汉语较为简明。这是因为英语注重语言形式上的接应，其句子的组成大多采用“形合法（hypotaxis）”；汉语注重行文意义上的连贯，其句子组成大多采用“意合法（parataxis）”。研究形合与意合，对提高英汉两种语言之间的互译质量有着不可忽视的作用。因此，本节主要探讨形合与意合语句的特点并进行两者之间的对比研究。

所谓“形合”，就是借助语言形式手段来实现词语或句子间的连接，也就是在句子的各个成分（包括词、词组、短句）之间使用相应的连接词或关联词语，以表示其相互间的关系。

所谓“意合”，是指在句子结构中不借助语言形式手段，即关联词语等，而借助词语本身或句子所含的逻辑关系来实现句子间或句子中各成分间的连接，句子间或句子中各成分间的关系往往以语序的先后来表示。意合句是一种独立的、固有的句子，是意义上和句法上统一的整体。它有着自己的一套句法联系手段，如采用词语顺序、词汇接应、结构平行、形式重叠以及重复、推理等。

（2）被动结构。英汉两种语言都有主动句和被动句。所谓主动句和被动句就是表示主语和谓语之间关系的形式和手段。但同一语法术语在两种语言中所代表的内容并不完全相同。英语中的被动句是指具有被动语法意义的动词短语做谓语的句子，即谓语中含有助动词 be+及物动词的过去分词，这是被动语态的标记。而汉语中的动词没有这种标记，所以，其动词也就没有语态之分，凡是以主语为施动者的句子就是主动句；反之，以主语为受动者的句子就是被动句。

一般而言，无论在英汉哪一种语言中，以施动者为谈话中心时，多用主动句，以受动者为谈话中心时则用被动句。

英语被动语态的使用频率很高，几乎所有的及物动词和部分由不及物动词加介词构成的短语均可用于被动结构。只要说不出行为者是谁，或不想说，或不必说，或以受动者为谈话中心，或为了使上下文意思连贯等都可以使用被动语态。汉语中的“被”字句并不等同于英语中的被动语态，它仅仅表示一种被动关系的句子，因为除了“被”字句外，还有判断句、“把”字句等，这些句式也都可以表示被动关系。在英汉互译中，被动句的转换可谓五花八门、灵活多变。

（3）变异结构。变异结构主要包括倒装结构、间隔结构、省略结构等。

1）倒装结构。英语的语序主要包括自然语序和倒装语序两种。使用倒装语序主要有两种情况：一是出于句法结构的需要；二是出于修辞的需要。句法性倒装是出于英语句法结构的需要而采用的一种倒装形式，不倒装就不符合句法规范。这类倒装主要包括多数疑问句以及表示让步、假设、重复关系的句子及某些以否定词等开头的句子。这里主要讨论表示让步、假设、重复关系及某些以否定词等开头的倒装句。

2）间隔结构。英汉两种句子里，都会经常见到两个或两个以上的本应连在一起的成分之间插进了其他成分，使正常的句子结构出现间隔，语法学家称之为间隔结构。例如，“Mr. Brown thinks that family life，even if full filling，is not enough without friends.（布朗先生认为，没有朋友的家庭生活，即使很完整也是不够的）”但两种语言中的间隔结构并不是一一对应的关系。从上面的例句中可以明显地看出语序上的差异，这是由两种语言的不同构句和表达方式决定的。

3）省略结构。省略就是在上下文提供明确信息的情况下，省略句子中的某些成分。它不但是一种“以无为有”的最简便的表达手法，而且是一种简便至极、“虽无胜有”的修辞手段。省略句虽然省去了句子语法构造所需要的组成部分，但是仍能表达其完整的意义。

在英汉两种语言中，随处都可能见到省略结构，因为这种结构能给人一种简洁的美感，如英语说：“Day dreaming again，Barb?”而不必非得加上“You are”，汉语也是一样，说：“又在想入非非啦，巴勃?”而不用加个“你”字。有些省略句在英语里用起来很自然，在汉语里则不宜省略。英语尽量避免重复，能省则省，而汉语却不怕重复，在很多情况下，不重复就不能明确达意。

（二）句式翻译的类别划分

英语文体各异，句型复杂，长句的出现频率高，逻辑性强，给译者增添了许多困难。然而，英语语言具有“形合”的特点，无论多长、多么复杂的结构，都是由一些基本的成分组成的。译者首先要找出句子的主干结构，弄清楚句子的主语、谓语和宾语，然后再分析从句和短句的功能，分析句子中是否有固定搭配、插入语等其他成分。最后，再按照汉语的特点和表达方式组织译文，这样就能保证对句子的正确理解。

1. 句子的种类及类型

英汉两种语言分属两个不同的语系，前者属于印欧语系，后者属于汉藏语系，因此，两者在句子结构上存在着很大的差异。对比两者的异同，找出其中的差异及转换的规律是一项大有可为的研究。英汉两种语言中的句子种类及类型有同有异，具体如下：

（1）英语句子种类及类型。句子是按语法规律构成的语言单位，用以表达一个完整的、独立的意思。句子是构成篇章的基本单位。句子的种类一般是按使用目的划分的，主要有陈述句、疑问句、祈使句和感叹句。句子的类型是按结构划分的，可大体分为简单句、并列句和复合句三种。

（2）汉语句子种类及类型。汉语的句子有单、复句之分。单句可以从不同的角度来分类。从句子所表达的内容和句子的语气来看，单句可以分为陈述句、疑问句、祈使句和感叹句四类。从句子的语法结构来看，单句又可分为完全句、省略句、无主句和独语句四类。复句是由两个或两个以上在意义上有某种联系的单句合起来构成的比较复杂的句子。构成复句的单句叫分句，这些分句必须有一定的联系，这种联系可以用语序或关联词语来表示。例如，风一吹，朵朵白云从我身边飘浮过去，眼前的景物渐渐都躲到夜色里去；只要在什么时候再听到那种歌声，那声音的影片便一幕幕放映起来：歌声拖得很长，因此听得很远很远。

复句的结构比单句复杂，意义和容量也较大。复句的类型是依据分句之间意义上的不同来划分的，一般分为联合复句和偏正复句两大类。联合复句各个分句意义上的联系是平行的，可用来表示并列关系、递进关系、承接关系、选择关系和取舍关系等。

偏正复句各个分句意义上的联系是有主次之分的，表示主要意义的分句叫作正句，表示次要意义的分句叫偏句，通常偏句在前，正句在后。偏正复句按偏句和正句之间意义上联系的不同可以分转折复句、条件复句、假设复句、因果复句、目的复句等。例如，他的话太感动人了，可惜我不能够照样说出；国无论大小，都各有长处和短处；如果你肯让我们抄写，我们很乐意的啊；既然你这么说了，我就跟你去一趟吧；你快去吧，免得他等急了。

2. 英语被动语态翻译

英语中被动语态使用范围很广，凡是在不必说出主动者、不愿说出主动者、无从说出主动者或者是为了便于连贯上下文等情形下，往往都用被动语态。汉语中虽然也有被动语态，但是使用范围狭窄得多。英语中被动语态的句子，译成汉语时，很多情况下都可译成主动句，但也有一些可以保留被动语态。

（1）转换成主动语态。在有些情况下，可变换语态，将原来的被动语态转换成主动语态，使译文明确易懂。

1）A contingency plan against bankruptcy was hastily drawn up.

译文：防止破产倒闭的应急计划很快制订出来了。

2）The special challenge that advertising presents can be illustrated by a statement made by the president of a major advertising agency in New York.

译文：纽约一家主要广告公司的总裁所做的陈述，可以阐释当前广告业所面临的特殊困难（原文中被动语态译为主动结构，原文中的主语在译文中做宾语）。

3）This Contract is made by and between the Buyer and the Seller. Whereby the Buyer agrees to buy and the Seller agrees to sell the under mentioned commodity according to the terms and conditions stipulated below.

译文：买卖双方同意按下列条款买卖下述商品，并签订本合同。

（2）保留被动语态。在进行英译汉时，语态不变，仍然保持原来的被动语态，但译者常常需要在主谓语之间加上一些汉语中表示被动的介词，如“被……” “给……” “受……”“止……”“为……所……”“遭……” 等。例如：

例 1：Competition in business is regarded to be a means to earn money.

译文：商业竞争被认为是一种挣钱手段。

例 2：Although Americans today are likely to think that Alger´s stories are too good to be true, they continue to be inspired by the idea of earning wealth and success as an entrepreneur who makes it on his own.

译文：尽管今天美国人有可能认为阿尔杰的故事好得令人难以置信，但是他们依然为那种自力更生赢得财富和成功的企业家精神所鼓舞。句中的“they continue to be inspired by the idea of earning wealth and success as an entrepreneur who makes it on his own”采用的是被动语态，在翻译成汉语时，可以保持原来的语态，只是在主谓语之间加上汉语中表示被动的介词“为……所”就可以了。

（3）译成无主句。

例 1：Your early confirmation would be greatly appreciated.

译文：万分感谢您能早日给予确认。

例 2：On the whole such a conclusion can be drawn with a certain degree of confidence, but only if the child call be assumed to have had the same attitude towards the test as the other with whom he is being compared, and only if he was not punished by lack of relevant information which they possessed.

译文：总的来说，得出这种结论是有一定程度把握的，但必须具备两个条件：能够假定这个孩子对测试的态度和与他比较的另一个孩子的态度相同；他也没有因为缺乏别的孩子已掌握的有关知识而被扣分。

例 3：Great efforts should be made to inform young people especially the dreadful consequences of taking up the habit.

译文：应该尽最大努力告知年轻人吸烟的危害，特别是烟瘾的可怕后果。

赏析：上述三例使用的是被动语态，句子中没有施动者。在进行翻译时，可以将其翻译成汉语的无主句。

（4）“A be done”结构的处理。有时出于种种原因，英语被动句中省略了谓语动词的施动者，构成“A be done”结构。如果翻译时将其转换成主动语态，就变成了“do A”结构。在这种情况下，往往需要加上泛指性的主语，如“我们”“人们”“大家”“有人”等，或者将其翻译成汉语的无主句。

例 1：The daily closing balance per account shall be checked against actual cash on hand.

译文 a：每日终了，我们应结出账面余额，并与实际库存核对相符。

译文 b：每日终了，应结出账面余额，并与实际库存核对相符。

上句使用的是被动语态，句子中没有施动者。在进行翻译时，可以在句首加上泛指性主语“我们”，如译文 a，也可以将其翻译成汉语的无主句，如译文 b。

例 2：It is essentially stressed that the Buyers are requested to sign and return the duplicate of this contract within 3 days from the date of receipt. In the event of failure to do this, the Sellers reserve the fight to cancel the contract.

译文：必须强调：买方应于收到本合同之日起 3 日内签字并返还合同的副本，如买方不这样做，卖方保留取消合同的权利。

总而言之，正确理解与翻译英语复合句是英语翻译的重点之一，而要正确理解与翻译这些句子，关键是要准确划分原文句子结构，正确理解英汉两种语言在结构、语序以及语态方面的差异。要能正确处理好句子中各成分之间的复杂语法修饰关系和内在逻辑关系，还需要人们在商务翻译实践中不断地进行探索。

3. 英语定语从句翻译

英语中，定语从句分为限制性从句与非限制性从句两种，在句中的位置一般是在其所修饰的先行词后面。限制性定语从句与非限制性定语从句的区别主要在于限制意义的大小。而汉语中定语作为修饰语通常在其所修饰的词前面，并且没有限制意义的大小之分，因此，限制与非限制在翻译中并不起十分重要的作用。英语中多用结构复杂的定语从句，而汉语中修饰语不宜臃肿，所以，在翻译定语从句时，一定要考虑到汉语的表达习惯。如果英语的定语从句太长，无论是限制性的还是非限制性的，都不宜译成汉语中的定语，而应用其他方法处理。英语中单个词做定语时，除少数情况外，一般都放在中心词前面；而较长的定语如词组、介词短语、从句做定语时，则一般放在中心词后面。在了解英汉两种语言差异的基础上，以下探讨适合商务句子的翻译方法：

（1）前置法。前置法即在英译汉时把定语从句放到所修饰的先行词前面，可以用“的”来连接。既然定语从句的意义是做定语修饰语，那么在翻译的时候，通常把较短的定语从句译成带“的”的前置定语，放在定语从句的先行词前面。在商务翻译实践中，人们发现前置法比较适合翻译结构和意义较为简单的限制性定语从句，而一些较短的具有描述性的非限制性定语从句也可采用前置法，但不如限制性定语从句使用得普遍。

（2）后置法。后置法即在英译汉时把定语从句放在所修饰的先行词后面，翻译为并列分句。英语的定语从句结构常常比较复杂，如果译成汉语时把它放在其修饰的先行词前面，会显得定语太臃肿，而无法叙述清楚。这时，可以把定语从句放在先行词后面，译成并列分句，重复或者省略关系代词所代表的含义，有时还可以完全脱离主句而独立成句。

（3）融合法。融合法即把主句和定语从句融合成一个简单句，其中的定语从句译成单句中的谓语部分。由于限制性定语从句与主句关系较紧密，所以，融合法多用于翻译限制性定语从句，尤其是“there be”结构带有定语从句的句型。

（4）状译法。英语的定语从句与汉语中的定语还有一个不同的地方，即英语中有些定语从句和主句关系不密切，它从语法上看是修饰定语从句的先行词的，但限制作用不强，实际上是修饰主句的谓语或全句，起状语的作用。也就是说，有些定语从句兼有状语从句的功能，在意义上与主句有状语关系，表明原因、结果、目的、让步、假设等关系。在这种情况下，需要灵活处理，在准确理解英语原文的基础上，弄清楚逻辑关系，然后把英语中的这些定语从句翻译成各种相应的分句。因此，应视情况将其翻译成相应的状语从句，从而更清晰明确地传达出原文中的逻辑关系。

由此可见，语言的表达是灵活的。英语中的定语从句应根据原文的文体风格、原文内容、上下文的内在逻辑关系灵活处理。在翻译一个句子，特别是当原作语言和译作语言在语法结构和语义结构上差异较大时，往往要经过一个分析、转换和重组的过程。理想的翻译结果是在重组的过程中，两种语言的信息能产生共同的语义结构，并达到概念等值，最终使译文的读者对译文信息的反应与原文的读者对原文信息的反应趋于一致。

4. 英语状语从句翻译

英语的状语从句在句中可以表示时间、地点、原因、条件、让步、方式、比较、目的和结果等意义。表示不同意义的状语从句在句中分别由不同的从属连词引导。英汉语言中状语从句位置不同。英语中状语从句一般处在宾语后的句尾，即主+谓+宾+状，但有时也出现在句首，而汉语中状语的位置比较固定，汉语中状语往往位于主谓语中间，即主+状+谓+宾；或者为了表示强调，状语也常常位于主语之前。因此，人们在进行英译汉翻译时要遵循汉语的表达习惯，相应进行语序的调整，不能过分受制于原文的语序和结构。

例 1：You may also need resumes and appropriate cover letters if you decide to send out unsolicited applications to the companies you have discovered in your initial search.

译文：你如果决定向那些首次搜寻中所发现的公司主动投寄求职信的话，也许还需要简历和相应的自荐信。

赏析：在这句话中，译文将条件状语从句前置到主谓语之间。

例 2：When the levels reached 6 percent，the crew members would become mentally confused，unable to take measures to preserve their lives.

译文：当含量达到 6%时，飞船上的人员将会神经错乱，无法采取保护自己生命的措施。

赏析：译文中时间状语从句置于句首。

例 3：The first two must be equal for all who are being compared，if any comparison in terms of intelligence is to be made.

译文：如果要从智力方面进行任何比较的话，那么对所有被比较者来说，前两个因素必须是一致的。

赏析：译文中条件状语从句置于句首。

（三）句式翻译的技巧

在了解掌握了汉译英中词（组）的翻译方法之后，就要应对句子的翻译。要将汉语句子译成通顺、地道的英语句子，译者也往往需要采用适当的句子翻译技巧和方法，以妥善处理不同类型的句子，这些技巧和方法主要包括合句法、分句法和变序法等。

1. 将汉语复句译成结构紧凑偏正英语句的合句法

汉语各句子或分句之间主要凭借语义逻辑维系，而其语法逻辑关系似乎不甚清晰，句子结构在形式上比较松散。因此，把汉语句翻译成英语时，需要首先分析汉语复句的各句子或分句之间内在的逻辑关系，确定其主句和分句，再通过使用介词短语、从句等手段把它译成地道的英语句子。

例1：在保险期限内，被保险人应采取一切合理的预防措施，包括认真考虑并付诸实施本公司代表提出的合理的建议。由此产生的一切费用，均由被保险人承担。

译文：During the period of this insurance, the Insured shall at his own expense take all reasonable precautions, including paying sufficient attention to and putting into practice the reasonable recommendations of the Company.

解析：第二个汉语句子在译成英语时作为一个介词短语融入了第一句中，这种处理使英语句子的译文更加简明扼要。

例2：地处人民广场的上海大剧院以其独有的建筑风格成为上海市的标志性建筑。它的存在使人民广场成为这座城市的政治和文化中心。

译文：With its unique style, the Shanghai Grand Theatre located at the Peopled Square has become a representative building in Shanghai, whose existence renders the People´s Square the city´s center of politics and culture.

解析：英语译句中使用非限制性定语从句，把两个汉语句子合并为一句，使结构紧凑。

例3：他用积攒了好几年的零用钱买了一台数码摄像机。此后，他带着这台摄像机访问了全国各地的景点，拍摄了许多录像。

译文：With the pocket money（that）he had saved for quite a few years, he bought a digital video, with which he then visited various scenic spots throughout the country and shoot a lot of videos.

解析：此例中，汉语复句通过“此后”，把前、后两句做时间上的连接。译成英语时，把第一个汉语连动句式，处理成偏正关系的“with…（that）… be bought…”、带定语从句的“介词短语+主谓结构”；又把第二句汉语句译成“with which”的“非限制性定语从句”，从而把汉语结构相对较为松散的复合句，译成英语一个主句带两个定语从句和一个介词短语的句式，使结构紧凑，逻辑层次分明。这就是合句译法的妙用。

例4：人的一生有多少意义，这有什么衡量标准吗？

译文：Is there any standard to evaluate the meaning of a person´s life?

解析：此例的汉语复句由两个分句松散地联合而成。翻译时只要稍加分析就不难发现，这里“衡量标准”即指“衡量人一生有多少意义”的标准。故译成英语时用合句法把第一汉语句译成动词不定式短语，做后置定语修饰“standard”，从而把两句并列关系的汉语句译成一句“偏正关系”的英语简单句，使结构紧凑，重点突出。

由此可见，译者的英语水平越高，就越有可能自如地通过介词短语、动词的非谓语形式（包括独立主格结构）、从句以及插入语等手段，把连接关系相当松散的汉语复句，译成语法逻辑关系清晰、结构层次分明的英语句式。这样既符合英语的表达习惯，又能有效表达句子的含义。

2. 将汉语长句有机拆译的分句法

汉语的句子只要意思连贯，其形式往往呈松散铺排，并无太多语法逻辑的拘泥。汉语句子可以很长，且一个复句中有时可有多个主语。与此相反，英语则是结构分明、逻辑性很强的语言。有鉴于此，译者有时会发觉难以把一个汉语长句的全部内容浓缩于一个英语句中。此时，译者须根据汉语原文的内在逻辑关系，对整个汉语长句进行划分，有机拆开，予以分译，译成两句或两句以上的英语复句。这种翻译方法就是“分句法”。

例 1：东方明珠电视塔位于浦东的陆家嘴，电视塔与其东北面的杨浦大桥和西南面的南浦大桥共同构成了一幅“双龙戏珠”的画面，这整幅摄影的经典构图总在激发着人们的想象，全年吸引着数以千计的游客。

译文一：Located in Lujiazui in Pudong area，the Oriental Pearl TV tower，together with the Yangpu Bridge in the northeast and the Nanpu Bridge in the southwest，creates a picture of “twin dragons playing with pearls”. The entire scene is a photographic jewel that always arouses the imagination and attracts thousands of visitors year-round.（译成二句）

译文二：The Oriental Pearl TV Tower is located in Lujiazui in Pudong area. The tower，surrounded by the Yangpu Bridge in the northeast and the Nanpu Bridge in the southwest，creates a picture of“twin dragons playing with a pearl”. The entire scene is a photographic jewel that always arouses the imagination and attracts thousands of visitors year-round.（译成三句）

解析：首先分析此汉语长句的内在语义逻辑关系，可以对此句做如下划分：

东方明珠电视塔位于浦东的陆家嘴，| 电视塔与其东北面的杨浦大桥和西南面的南浦大桥共同构成了一幅“双龙戏珠”的画面，| 这整幅摄影的经典构图总在激发着人们的想象，| 全年吸引着成千上万的游客。

显然，第一个分句讲述东方明珠电视塔的地理位置；第二个分句讲述它与环境构成“双龙戏珠”的画面，所以前两句为一层意思。而第三个分句则是讲述这幅经典画面对人产生的影响力；第四分句具体说明其影响力，所以后两句为一层意思。

译成英语时可将汉语原文拆分为两至三个句子，分别翻译，条理清晰。

例 2：表面上看来，管理者会不得不对一些文化群体比对另一些文化群体在守时方面更宽容一些，但是这种做法在城市文明中是站不住脚的，因为它将使人相信“这种文化的时间取向比西方的时间取向逊色”这一学术论调。

译文：On the surface，it might seem that a manager may have to be more tolerant about punctuality with some cultural groups than others. But this is unwarranted in an urban civilization. It would give credence to the academic literature that implies “the time orientation in such a culture is inferior to that in the West”.

解析：分析此句汉语长句的内在逻辑关系，可以对此句做如下划分：

表面上看来，管理者会不得不对一些文化群体比对另一些文化群体在守时方面更宽容一些，| 但是这在城市文明中是站不住脚的，| 它将使人相信此种文化的时间观念比西方的时间观念逊色这一学术论调。

由此可见，第一个分句与后两个分句之间存在着转折关系，而后两个分句之间则存在着并列关系。所以，可将该汉语句子拆译成三个英语句子。

例 3：近年来，我国政治体制的改革与调整已经在进行之中，其中最为重要而且成就最为显著的就是政府职能的转变。

译文：The reform and adjustment of the political system of our country has been under way these years. The most significant and the most accomplished（reform and adjustment）is the shift of governmental functions.

解析：该汉语句的前、后两个分句之间其实存在着“总、分”关系，故译成英语时，不妨将两层意思分译成两句英语句子。必须明确的是，使用“分句法”翻译的汉语句并非都是长句。有些汉语句子虽然并不长，是一个句子，但却包含了两层甚至更多层的意思，此时也有必要把汉语句子拆开，予以分译。可看更多的例子：

例 4：不，村庄并没有消失，现在的村庄比以往任何时候都更有活力。

译文：No，the village is not dead. It is now more vital than ever before.

解析：该汉语句前后分句之间呈“递进关系”，也可分译。

例 5：他的花园里有一个漂亮的池塘，池塘上有一座桥，桥中央有一个亭子。

译文：There is a beautiful pond in his garden. Across the pond is a bridge with a pavilion in the middle.

解析：该汉语句的前后三句之间呈“追述关系”，用动词非谓语形式不妥，故可拆开分译为两句。

3. 按汉英表达顺序不同而灵活采用的变序法

如前所述，汉语与英语的表达顺序不同。汉语中各分句的先后顺序往往是按照事件发生的时间先后、先因后果、先条件后结果、先事实后结论等顺序来排列。与此相反，英语句子的排列顺序则相对要灵活得多。所以汉译英时，可按实际情况，或出于某种修辞手段之目的，有意识地改变原句中部分语法结构的语序，乃至全句和各分句之间的语序，以灵活表达原句之意，达到符合英语表述习惯之目的。“变序法”一般有下列情况：

（1）时间、地点、方式等状语的变序。汉语中往往把表示时间、地点、方式等的状语前置；而英语中状语的位置相对比较灵活，状语的位置可前可后。所以进行汉译英时，常常需要使用“变序法”。

（2）句子语态转换时的变序。“变序法”还常常涉及句子语态转换问题。众所周知，汉语中被动语态的使用频率不是很高，因为汉语常使用主动句式来表达被动含义。较之于汉语，英语中被动语态的使用频率就高得多，因为欧美人惯于使用被动句式以示客观。在科研论文写作中情况更是如此。此外，在不少情况下，汉语语法允许汉语句式为无主句。然而，译者在翻译汉语无主句时，一般可适当地补充句子主语，或可将句子译成被动句。

总而言之，在把句子和文章译成英语时，需要合理使用合句法、分句法、变序法等技巧，灵活处理句子结构，使句子表达符合欧美人的说话习惯，同时使句子逻辑清晰严密，突出主题思想。译者唯有掌握了上述技巧，凭借着良好的英语语言基础包括句法和语法的概念，再加上丰富的英语词汇量，才能自如地进行难度较高的汉译英翻译活动。

三、大学英语翻译的语言层次——语篇

句子是语法分析的理想单位，但在运用语言进行实际交往中，语言的基本单位则是语篇。语篇是由句子组建而成的，它是人们运用语言符号进行交往的意义单位，故可长可短。一部长篇小说是一个语篇，一个句子或短语，甚至一个词，都能构成语篇。因此，译者一定要把握好对语篇的翻译。

语篇是高于句子的语言层面，能够独立完成某种特定交际功能的语言单位。语篇是语言结构和翻译的最大单位。语篇可以对话（dialogue）形式出现，也可以独白（monologue）形式出现；可以是众人随意交谈，也可以是挖空心思的诗作或精心布局的小说或故事。但是，需要注意的是，语篇并不一定就是一大段话，只要是表达了一个完整的意思，那么一个词语也可以称为语篇。

（一）语篇结构分析

语篇结构是某一特定文化中组句成篇的特定方式，是一种约定俗成的、相对稳定的语

言使用习惯，是文化因素在语言运用过程中长期积淀的结果。语篇是由段落组成的，段落是由句子组成的。语篇要求内容一致、意义连贯，要求用有效的手段将句子、句群、段落连成一个有机的整体。

与句子相比，篇章具有自己的特点。它不是一连串孤立句子的简单组合，而是一个语义上的整体。从语言形式上看，篇内各句、段之间存在着粘连性，如连接、替代、省略、照应；从语义逻辑上看，全篇通常有首有尾，各句段所反映的概念或命题具有连续性，而不是各不相关。每个句子都起着一定的承前启后的作用，句与句、段与段的排列一般都符合逻辑顺序。

1. 英语语篇

英语语篇一般是由几个相互关联的段落组成的，每一段阐述一个要点。文章结构具有系统性、严密性的特点。一篇结构完整、脉络清晰的文章应具有三个主要的组成部分：引言段、正文和结尾段。

第一，引言段。引言段位于文章的开头，其最基本的作用是引导读者阅读文章的其余部分。引言在全篇文章中所占的比例较小，用于说明文章讨论的是哪些问题，将要谈哪些问题等。引言段一般包括两部分：概括性的阐述和主题的阐述。概括性的阐述是指引出文章的主题，简要提供有关主题的背景信息，以引起读者的注意，便于读者了解文章论题的由来，对文章的意图和意义产生兴趣。文章主题的阐述就像段落的主题句一样，阐明文章的主题。它包含了正文具体论述扩充的内容，同时也表明作者的态度、意见、观点。与段落主题句相比，主题的阐述更为宽阔，它表达整篇文章的中心思想，并可能表明整篇文章的组织构思方法。主题阐述常位于引言段的结尾处。

第二，正文。文章的正文也称主体，是文章的核心，位于引言段之后。正文一般由一个或多个段落组成，在文中占较大篇幅。作者在正文的写作中围绕引言部分所提出的主题选用相关细节和事实依据说明和解释主题并深化主题，使主题思想得到升华。主题一般由若干个次主题组成，每个段落阐述一个次主题，所以，正文中段落的数目一般由次主题的数目决定。正文部分实际上就是通过对次主题的逐一论证达到对主题的论证的。正文部分的逻辑性，如正文内容的安排顺序和层序等，都是依据主题对各个次主题的统率，次主题对事实、数据、细节的统率体现出来的。

第三，结尾段。结尾段位于文章的末尾，是整篇文章不可缺少的组成部分，是要点总结。它总结归纳文章正文阐述的观点，并重申主题，与引言段首尾呼应。由于这是作者展示论点的最后机会，所以结尾段应该警策有力而又耐人寻味。

英语语篇思维模式的特点是：先总括，后细节；先抽象，后具体；先综合，后分析。作者往往直截了当地声明论点，然后逐渐地、有层次地展开阐述，非常注重组织、注重理性，主从层次井然有序，句子组织环环相扣。

2. 汉语语篇

汉语语篇的思维模式既包括英语语篇的思维模式，又具有自己的独到之处。总体而言，它是比较灵活的，其论点的提出取决于文章思路的安排，也就是说，可根据文章的内容、性质和论证的方式与方法等因素在最恰当的地方提出论点。根据论点在文章中的位置，汉语语篇模式可分为文首点题、文中点题和文尾点题等。

（二）语篇分析在大学英语翻译中的运用

语篇分析是美国语言学家哈里斯于 1952 年首先提出来的一个术语，后来被广泛用于社会语言学、语言哲学、语用学、符号学、语篇语言学等领域。自从翻译界将“语篇分析”这个语言学研究的成果嫁接到翻译学科，翻译界对“上下文”的认识有了一个飞跃，从感性上升到理性，从经验上升到理论。掌握了“语篇分析”理论，译者就能在跋涉译林时，既看到树木，也看到整片森林；就能将原文的词、句、段置于语篇的整体中去理解、去翻译。这样，译文的整体质量就有了很大的提高。语篇分析的基本内容包括衔接手段、连贯、影响语篇连贯的因素，其中对译者而言，最为重要的是衔接与连贯。

句子或句群不是杂乱无章地堆砌在一起构成段落与篇章，反之，它们总是依照话题之间的连贯性和话题展开的可能性有规律地从一个话题过渡到另一个话题的。篇章的存在要求其外在形式和内在逻辑，即衔接和连贯具有一致性。作为语言实体，段落与篇章在语义上必须是连贯的，而连贯性在很大程度上需要靠语内衔接来实现。连贯是首要的，衔接要为连贯服务。翻译工作者为了使译文准确、通顺，就必须处理好衔接与连贯的问题。在英译汉实践中，译者应该首先吃透原文，了解作者怎样运用衔接手段来达到连贯目的，然后根据英汉两种语言在形式与逻辑表达上的差别通权达变。

1. 语篇的衔接

衔接是篇章语言学的重要术语，是语段、语篇的重要特征，也是语篇翻译中的一个重要环节。衔接的优劣，关系到话语题旨或信息是否被读者理解和接受。所谓语篇衔接，就是使用一定的语言手段，使一段话中各部分在语法或词汇方面有联系，使句与句之间在词法和句法上联系起来。

句组中的各个句子之间、句组与句组之间需用不同的衔接手段来体现语篇结构上的黏着性和意义上的连贯性。语篇的衔接手段大体可分为词汇手段、语法手段两大类。

（1）词汇手段。语篇的连贯可以通过词汇衔接手段予以实现。英语词汇衔接关系可分为两类：同现关系（collocation）和复现关系（reiteration）。此外，运用逻辑连接法也可实现语篇的连贯。

1）词语之间的同现关系。同现关系指的是词语在语篇中同时出现的倾向性或可能性。一些属于同一个“词汇套”（lexical set）或同一个“词汇链”（lexical chain）的词常常一起出现在语篇中，衔接上下文。例如，thirsty 一词常会使人们联想到 drink、water、soda water、mineral water、tea、coffee、coke、beer 等词，这些词可能会在语篇中同时与 thirsty 一词出现。除了这种词之外，反义词也常用来构成词语之间的同现关系。反义词的两极之间可以存在表示不同程度或性质的词语，如在 hot 和 cold 之间尚有 warm、tepid、lukewarm、cool 等词。

2）词语之间的复现关系。韩礼德和哈桑认为复现关系主要是通过反复使用关键词、同义词、近义词、上义词、下义同、概括同等手段体现的。词语的不同复现手段往往能显示不同的文体或风格特征。

3）运用逻辑连接语。逻辑连接语（logical connectors）指的是表示各种逻辑意义的词、短语或分句，包括五个方面：①表句子之间（含句组之间）的时间关系（temporal relation）的逻辑连接语；②表句子之间的因果和推论关系（causal/resultive/inferential relation）的逻辑连接语，如 consequently、so、otherwise、then、hence、because、BS a result、for this reason、in that case 等；③表示附加关系（additive relation）的逻辑连接语，如 by the way、in other words、for instance、likewise、similarly、and、or 等；④表示句子之间的转折和对比关系（adversative/contrastive relation）的逻辑连接语，如 however、but、yet、never the less、in fact、in any case、on the contrary 等；⑤表示位置（location）、方向（direction）和地点（location）等意义的逻辑连接语。

（2）语法手段语篇句子或句组之间的衔接可以通过语法手段予以实现。其中较为常见的语法手段有以下方面：

1）动词的时、体变化。动词的时和体可以在句子中起到衔接的作用。

例 1：The boy stopped running. He saw his mother.

译文：那个男孩停止跑动，他看到了他的母亲。

例 2：The boy stopped running. He had seen his mother.

译文：那个男孩停止跑动，因为他看了他的母亲。

从动词的时、体变化角度可看出，例 1 中的两句之间，存在动作发生的时间顺序关系，而例 2 中的两句之间既存在着动作发生的时间顺序关系，又存在着因果关系。

2）照应手段。照应（reference）指的是词语与其所指对象之间的关系。在语篇中，如果对于一个词语的解释不能从词语本身获得，而必须从该词语所指的对象中寻求答案，就产生了照应关系。因此，照应是一种语义关系，是表示语义关系的一种语法手段，也是帮助语篇实现其结构上的衔接和语义上的连贯的一种主要手段。照应关系可分为两种类型：语内照应（endophora）和语外照应（exophora）。语内照应又可分为两种情况：一种是“上指”（anaphora，亦称“反指”），即用一个词或词组替代上文中提到的另一个词或词组；另一种情况是“下指”（cataphora，亦称“预指”），即用一个词或短语来指下文中即将出现的另一个词、短语乃至句子。语外照应是指在语篇中找不到所指对象的照应关系。

3）替代。替代（substitution）是一种既可避免重复又能连接上下文的手段，指的是用代替形式（substitute）来取代上文中的某一成分。替代是一种语法关系，与照应表达对等关系不同，它表达的是一种同类关系。在语篇中，替代形式的意义必须从所替代的成分那里去查找，因而替代是一种重要的衔接语篇的手段。替代可分为名词性替代（nominal substitution）、动词性替代（verbal substitution）和分句性替代（clausal substitution）等多种形式。与英语相比，汉语中替代手段使用的频率较低，汉语往往使用原词复现的方式来达到语篇的衔接与连贯。英语可以用代词 so、do、do the same 等替代形式来替代与上文重复的成分，形成衔接。但是汉语没有类似的替代形式，通常需要用词义重复来连接。因此，译者在翻译时应注意英、汉语的不同表达习惯。

4）省略。省略（ellipsis）指的是把语言结构中的某个成分省去不提。句中的省略成分通常都可以从语境中找到，这样句与句之间就形成了连接关系。同替代一样，省略的使用也是为了避免重复，突出主要信息，衔接上下文。作为一种修辞方式，它符合语言使用的经济原则。省略可看作一种特殊的替代——零替代（substitution by zero）。省略是一种重要的语篇衔接手段。省略也可分为名词性省略（nominal ellipsis）、动词性省略（verbal ellipsis）和分句性省略（clausal ellipsis）。相比较而言，英语的省略现象比汉语要多一些。因为英语的省略多数伴随着形态或形式上的标记，不容易引起歧义。

5）连接。连接（connection）是表示各种逻辑意义的连接手段，连接词又称“逻辑联系语”。连接词既可以是连词，也可以是具有连接意义的副词、介词及短语，还可以是分句。连接关系是通过连接词以及一些副词或词组实现的。连接词在语篇中具有专业化的衔接功能，表明了句子间的语义关系，甚至通过前句可从逻辑上预见后句的语义。通过使用各种连接词语，句子间的语义逻辑关系可以明确表示出来。

语篇中的连接成分是具有明确含义的词语。通过这类连接性词语，人们可以了解句子之间的语义联系，并且可以根据前句预见后续句的语义。英语的连接词语可按其功能分为四种类型，即添加、递进，转折，因果，时序。这四种连接词的类型可分别由 and、but、so、then 这四个简单连词来表达，它们以简单的形态代表这四种关系。

2. 语篇的连贯

语篇既然是语义单位，那么能够称作“语篇”的语言实体必须在语义上是连贯的(text must be coherent)。语义连贯是构成话语的重要标志。衔接是通过词汇或语法手段使文脉贯通，而连贯是指以信息发出者和接受者双方共同了解的情景为基础，通过逻辑推理来达到语义的连贯。如果说衔接是篇章的有形网络，那么连贯则是篇章的无形网络。译者只有理解看似相互独立、实为相互照应的句内、句间或段间关系并加以充分表达，才能传达原作的题旨和功能。

语篇中句子的排列如果违反逻辑就会对句与句之间语义的连贯产生影响。有时候，说话的前提以及发话者、受话者之间的共有知识也会影响到语义的连贯。诗篇的连贯性主要取决于读者的联想和想象。

3. 衔接、连贯的关系

在进行英汉段落与篇章翻译时，语篇的“衔接”与“连贯”是必须考虑的两大要素。衔接是一个语义概念，它是存在于语篇中的、并使语篇得以存在的语言成分之间的语义关系。衔接是语言机制的一部分，它的作用在于运用照应、省略、替代、连接（conjunction）和词汇衔接（lexical cohesion）等手段使各个语言成分成为整体。语篇衔接手段主要有语法衔接（grammatical cohesion）和词汇衔接（lexical cohesion）。在语篇中，语法手段的使用可以起到连句成篇的作用。语篇衔接手段能使语篇结构紧密，逻辑清晰，更好地实现语义的连贯。

连贯是篇章体现为一个整体而不是一串不相关语句的程度。连贯对于篇章是一个有意义的整体，而非无意义堆砌的一种感觉。衔接是一种篇章特点，连贯是一个读者对于篇章方面的评价。语篇的连贯性应该经受住对语句的语义连接及语用环境的逻辑推理，所以，语篇连贯不仅包括语篇内部意义的衔接，还包括语篇与语境的衔接。连贯语篇的基本标准是其意义形成一个整体，并与语境相关联。

衔接是客观的，从理论上讲能够被轻易识别；而连贯是主观的，对篇章中连贯程度的评价将因读者不同而不同。衔接的前提是思维的逻辑性、连贯性，而连贯是交际成功的重要保证。衔接是篇章的外在形式，连贯是篇章的内在逻辑联系。衔接是语篇的有形网络，是语篇表层结构形式之间的语义关系；连贯是语篇的无形网络，是语篇深层的语义或功能连接关系。

第二节　大学英语翻译的直译法与意译法

一、大学英语翻译的直译法

所谓直译，是指译文仍然采用原文的表现手段，句子结构和语序不做调整或不做大的调整，它是以句子为单位，尽量保持原文的语言结构、形式，以及隐喻等，有助于表现原文的形象、思维、语言趣味。

（一）直译法特点

直译有以下特点：

第一，忠于原文内容。

第二，忠于原文形式，要求在保持原文内容的前提下，力求使译文与原文在选词用字、句法结构、形象比喻及风格特征等方面尽可能趋同（无限接近）。

第三，通顺的译文形式。

（二）直译法运用

1. 习语直译

crocodile tears 鳄鱼的眼泪

fish in troubled waters 浑水摸鱼

chain reaction 连锁反应

经济特区 special economic zone

绿色食品 green food

2. 句子直译

例 1：I would draw a further conclusion，which I believe is central to assessing Chirm′s future place in the world economy.

直译：我想进一步得出结论，我认为这个结论对于评估中国今后在世界经济中的地位是至关重要的。

例 2：Pie is said to be a rough diamond.

直译：人们说他是浑金璞玉。

例 3：Smashing a mirror is no way to make an ugly person beautiful，nor is it a way to make social problems evaporate.

直译：砸镜子并不能使丑八怪变漂亮，也不能使社会问题烟消云散。

例 4：He walked at the head of the funeral procession，and every now and then wiped his crocodile tears with a big handkerchief.

直译：他走在送葬队伍的前头，还不时用一条大手绢抹去那鳄鱼的眼泪。

总而言之，直译有其自身的优势。直译不仅能保持原作的特点，而且还可使读者逐步接受原作的文学风格，促进语言的多样性，丰富目的语的语言形式，以利跨文化沟通与交流。

二、大学英语翻译的意译法

意译就是只保持原文内容、不保持原文形式的翻译方法。译文的语言与原文的语言在许多情况下，并不能用同样的表达形式来体现同样的内容，更谈不上产生同样的效果。

意译把忠于原文内容放在第一位，把通顺的译文形式放在第二位，要求在保持原文内容的前提下，力求使译文在选词用字、句法结构、形象比喻及风格特征等方面尽可能符合译语读者的阅读习惯和审美心理。意译把忠于原文形式放在第三位。

意译的功能围绕“效果”，译者可以对原文的词句顺序、逻辑关系、修辞手段等进行调整和变通，使译文地道、流畅，符合译入语读者的阅读习惯，更好地传达原文的艺术效果。

从跨文化语言交际和文化交流的角度来看，意译强调的是译语文化体系和原语文化体系的相对独立性。意译更能够体现出本族的语言特征，例如，习语、诗词、成语等的翻译，常常通过意译来达到“信、达、雅”。

第三节　大学英语翻译的增译法与减译法

一、大学英语翻译的增译法

由于英汉两种语言文字之间存在巨大差异，在翻译过程中很难做到字、词、句上完全对等。因此，为了准确地传达出原文的信息，往往需要对译文进行增译。

所谓增译，就是在原文的基础上添加必要的单词、词组、分句或完整句，从而使译文在句法和语言形式上符合目的语的习惯，并使译文在文化背景、词语联想方面与原文保持一致，以达到译文与原文在内容、形式和精神方面对等的目的。

当然，增译法并不意味着译者可以随心所欲地添枝加叶，而是必须遵守一条基本原则，即增加那些在句法上、语义上或修辞上必不可少的词语，也就是增加原文字面虽未出现，但却为其实际内容所包含的词语。增译法的运用主要包括意义和修辞上的增译，以及句法上的增译。

（一）意义与修辞上的增译

英汉互译时，有时有必要增加合适的动词、形容词或副词等，使译文意义明确，流畅自然。

（1）增加动词。由于意义上的需要及英汉语言上的差异，英语中重复用词的情况较少，而汉语有时为了达到一定的修辞效果，经常使用重叠句或排比句，翻译成汉语时需要在名词前增加动词。

（2）增加形容词。为使译文读起来顺畅自然，清晰达意，有时候也会根据原文的意思，在译文中增加一定的形容词。

（3）增加副词。根据原文的上下文，有些动词在一定的场合可增加适当的副词，以确切表达原意。

（4）增加表示复数的词。汉语名词的复数没有词形变化，很多情况下不必表达出来，但有时需要通过增加“们、各位、诸位”，增加数词或者特殊方式的“叠词”来表达原文的复数意义。

（5）增加表达时态的词。由于英汉语言的差异，英语动词随时态的变化而变化，而汉语动词没有词形变化，但有时为了表达需要，英汉翻译时有必要增加一些表示时态的词。

（6）增加语气词。汉语中的语气词很多，在翻译时，需要在准确理解原文意义和修辞色彩的基础上增加适当的语气词。

（7）增加量词。英语中数词与可数名词直接连用，它们之间没有量词，而汉语必须借助量词，因此，翻译时需要增加量词。

（8）增加概括词。有时候把英语翻译成汉语时，需要把句中的连词省略掉而增加概括词。

（9）增加承上启下的词。在翻译时，特别是进行语篇翻译时，更需要目的语的连贯性，以准确表达原文意义，这就需要增加适当的词以起承上启下的作用。

（二）句法上的增译

句法上的增译翻译主要从以下方面探讨：

1. 增补原文句子中所省略的动词

例 1：Reading makes a full man；conference a ready man；writing an exact man.

译文：读书使人充实，讨论使人机智，写作使人准确。

例 2：We don´t retreat；we never have and never will.

译文：我们不后退，我们从没有后退过，将来也决不后退。

2. 增补原文比较句中的省略部分

例 1：The footmen were as ready to serve her as they were their own mistress.

译文：仆人们愿意服侍她，就像愿意服侍他们的女主人一样。

例 2：Better be wise by the defeat of others than by your own.

译文：从别人的失败中吸取教训比从自己的失败中吸取教训更好。

由于英汉两种语言在词汇和句法等方面的差异显著，翻译时须采用各种弥合手段，增译法便是行之有效的手段之一。一对一地逐词翻译往往会使译文生硬晦涩，有时甚至背离原文意思，采用增译法则可以使译文自然通畅，完整贴切。

增译法往往是译者在推敲译文或校对译文的过程中进行的，可见这类调整与译者的母语语感很有关系。从本质上说，这是一个译文的可读性问题（readability），其关键在于求得译文与原文在深层结构上对应，而不求双语在词语形式上机械对应。总而言之，通过增译，一是保证译文语法结构完整，二是保证译文意思明确。

二、大学英语翻译的减译法

所谓减译法，即指在翻译过程中为了使译文简明、准确，而省去一些词或短语。英汉翻译中常常会省略一些介词、冠词、名词和连词等，这些词在原文中是必需的，而在译文中却可有可无。

减译是翻译中一种比较常见的现象，它符合语言使用的经济原则，即人们在交际中尽量使用比较少的、省力的语言单位来传达较大量的信息。

减译法是基于英汉两种语言的差别。比如，汉语并没有冠词和不定式的标记（infinitive markers），而且代词、连词以及介词在汉语中的运用频率不及英语，所以，在进行英汉翻译时，有必要进行减译。总体而言，减译包括修辞方面（rhetorical omission）和语法方面（grammatical omission）两个部分。

（一）修辞的减译

1. 省略重复短语或单词

例1：Instead of one old woman knocking me about and starving me，everybody of all ages knocked me about and starved me.

译文：那时打我、让我挨饿的不只是一个老太婆，而是老老少少各式各样的人。

例2：Part-time waitress applicants who had worked at a job would receive preference over those who had not.

译文：应聘兼职女招待，有工作经验者优先。

2. 省略不必要短语与单词

例1：His younger sister is an actress.

译文：他妹妹是个（女）演员。

例2：Could you help me in any way?

译文：你能帮帮我吗?

（二）语法的减译

语法层面的减译主要包括以下方面：

1. 形容词减译

例1：我们对过去的历史应有所了解。

原译：We should know a little of our past history.

分析：翻译时可以省略 past。

例 2：外贸有了新的发展。

原译：Foreign trade had made fresh progress.

分析：翻译时可以省略 fresh。

2. 副词减译

例 1：我们一定能够达到目标。

原译：Our goal will certainly be attained.

分析：翻译时可以省略 certainly。

例 2：价格要适当调整。

原译：Prices should be appropriately adjusted.

分析：翻译时可以省略 appropriately。

3. 介词减译

例 1：我们已经从其他国家有计划、有选择地进口了一些成套设备。

原译：We have imported in a planned and selective way from other countries some complete plants.

分析：翻译时可以省略 from other countries。

例 2：要广泛动员中小学生学习科普知识。

原译：Primary school and high school students should be mobilized on an extensive scale to learn popular science knowledge.

分析：翻译时可以省略 on an extensive scale。

4. 名词减译

例 1：互相尊重的精神是我们今天文化合作的基础。

原译：The spirit of mutual respect is the basis of our cultural cooperation today.

改译：The frame work of mutual respect sustains our own cultural cooperation today.

例 2：中国是个文明古国，幅员辽阔，面积达 960 多万平方公里。

China is a country with ancient civilization. She has a vast territory and covers an area of 9.6 million square kilometers.

改译：Covering an area of 9. 6 million square kilometers and more，China is a country with ancient civilization.

5. 代词减译

英语代词的使用频率远远高于汉语。因此，英文汉译时往往按照汉语习惯将原文中的一些代词省略。

（1）省略做主语的人称代词。根据汉语习惯，在指代关系明确的情况下，假如前后两句主语相同，就不必重复出现。

（2）省略物主代词。在英语句子里，物主代词出现的频率很高。如果将每个物主代词都翻译出来，那么汉语译文就显得非常啰唆，所以在翻译的时候物主代词大多省略。

6. 动词减译

在进行翻译时，原文中有些动词在译文中可以省略。

例 1：中国始终是维护世界和平与地区稳定的坚定力量。

译文：China is always a staunch force to maintain world peace and regional stability.

改译：China is always a staunch force for world peace and regional stability.

例 2：我们要努力搞活国有大中型企业。

原译：We should endeavor to invigorate the large and medium-sized state-owned enterprises.

改译：We should invigorate the large and medium-sized state-owned enterprises.

7. 冠词减译

英语中存在冠词而汉语并没有冠词，英语的冠词往往并不表达具体的词义，所以，英译汉时，英语的冠词常常省略。

例 1：A parrot can talk like a man.

译文：鹦鹉会像人一样说话。

例 2：His dinner hour is an inevitable 6：30 p. m.

译文：他总是下午 6 点半吃晚饭。

8. 连词减译

汉语词语之间连词用得不多，其上下逻辑关系常常是暗含的，由词序来表示。英语则不然，连词用得比较多。因此，英译汉时，在很多情况下不必把连词译出来。

（1）省略并列连词。在并列连词中，比较常见的是省略 and、or、but 和 for。

（2）省略主从连词。主从连词的省略包括省略表示原因的连词、省略表示条件的连词、省略表示时间的连词。

减译法是指原文中有些词在译文中不译出来，因为译文中虽无其词而已有其意，或者在译文中是不言而喻的。也就是说，把一些可有可无的，或者有了反嫌累赘或违背译文语言习惯的词删去，从而使译文简洁，符合汉语的表达习惯。

第四节　大学英语翻译的转译法与分译法

一、大学英语翻译的转译法

翻译方法中的转译法（translation conversion）也称转换法，是指在翻译过程中，由于英汉两种语言在语法和习惯表达上的差异，无法直接用汉语将英语的原意体现出来，在保证原文意思不变的情况下，译文必须将原文做相应的改变。转译法可以将英语词汇的词性转译成不同的汉语词性，还可以将英语原句转译成不同类型的汉语句子。因此，“转译法在英译汉的过程中既可以是词性的转译，又可以是语态或句型的转译”①。

另外，转译法在词性方面，可以把名词转换为代词、形容词、动词等；把动词转换成名词、形容词、副词、介词等；把形容词转换成副词和短语等。在句子成分方面，把主语变成状语、定语、宾语、表语等；把谓语变成主语、定语、表语等；把定语变成状语、主语等；把宾语变成主语或其他成分。在语态方面，可以把主动语态变为被动语态，也可以把被动语态转译为主动语态。

（一）词类转译

例 1：The growing awareness by millions of Africans of their extremely poor and backward living conditions has prompted them to take resolute measures and create new ones.

原译：数以百万计的非洲人对于他们非常贫穷落后的生活条件的日益觉醒促使他们采取坚决的措施，创造新的生活条件。

改译：数以百万计的非洲人已逐渐意识到，他们的生活状况异常贫穷落后，这就促使他们奋起采取坚决的措施创造新的生活条件。

例 2：He admires the President´s stated decision to fight for the job.

---

① 欧阳智英. 转译法在英汉翻译中的运用［J］. 2021（2017-20）：14.

译文：他对总统声明为保住其职位而决心奋斗表示钦佩。

从上述两例可以看出，由于英汉两种语言表达方式的差异，在英译汉的过程中，有些句子可以逐词对译，需要根据具体情况适时改变原文的词性，以符合译入语的表达习惯，使译文通达自然。这也是本章着重论述的翻译中的词类转换现象。

归纳而言，词类转译主要涉及以下方面：

1. 动词转译

汉语动词丰富，句子简洁明了。汉译英时，汉语的动词常可转译为名词、形容词、介词或介词短语等。

（1）动词译成名词。

例 1：Formality has always characterized their relationship.

译文：他们之间的关系，有一个特点，就是以礼相待。

例 2：绝对不许违反这个原则。

译文：No violation of this principle can be tolerated.

（2）动词译成形容词。和感官、情感及其他精神状态相关的动词可译成“be+adj...”的结构。

例 1：获悉贵国遭受海啸，我们极为关切。

译文：We are deeply concerned at the news that your country has been struck by a tsunami.

例 2：他们怀疑他是否能负担得起。

译文：They are doubtful whether he can afford it.

（3）动词译成介词或介词短语。和汉语相比，英语里介词更多。有些英语介词由动词转化而成，因此具有动词的某些特点。

例 1：这台计算机具有很高的灵敏度。

译文：The computer is of high sensitivity.

例 2：我们全体赞成他的建议。

译文：We are all for/in favor of his suggestion.

2. 名词转译

名词转译主要涉及以下方面：

（1）名词译成动词。英语中具有动作意义的名词和由动词派生出来的名词以及某些表示身份特征或职业的名词（如 teacher、singer 等）在句中并不指身份或职业而含有较强的动作意味，英译汉时可译成动词。

例 1：The sight and sound of our jet planes filled me with special longing.

译文：看到我们的喷气式飞机，听见隆隆的机声，我特别神往。

例 2：An acquaintance of world history is helpful to the study of current affairs.

译文：读一点世界史，对学习时事是有帮助的。

（2）名词译成形容词。

例 1：Independent thinking is an absolute necessity in study.

译文：独立思考对学习是绝对必需的。

例 2：The security and warmth of the destroyer´s sickbay were wonderful.

译文：驱逐舰的病室很安全也很温暖，好极了。

（3）名词译成副词。

例 1：It is our great pleasure to note that China has made great progress in economy.

译文：我们很高兴地看到，中国的经济已经有了很大发展。

例 2：The new mayor earned some appreciation by the courtesy of coming to visit the city poor.

译文：新市长有礼貌地前来访问城市贫民，获得了他们的一些好感。

3. 形容词转译

形容词的转译主要涉及以下方面：

（1）形容词译成动词。英语中表示知觉、兴趣等心理状态的形容词，在联系动词后做表语时，往往可译成动词。

例 1：Scientists are confident that all matter is indestructible.

译文：科学家们深信，所有物质都是不灭的。

例 2：Granny Li is very fond of children.

译文：李奶奶很喜欢孩子。

（2）形容词译成名词。

例 1：He was eloquent and elegant，but soft.

译文：他有口才，有风度，但很软弱。

例 2：他对电子计算机的操作是陌生的。

译文：He is a stranger to the operation of the electronic computer.

（3）形容词译成副词。名词译成动词时，修饰名词的形容词可相应地译成副词。

例 1：Occasionally a drizzle came down，and the intermittent flashes of lightning made us turn apprehensive glances toward Zero.

译文：偶尔下一点毛毛雨，断断续续的闪电使得我们不时忧虑地朝着零区方向望去。

例 2：他跟另一个地勤人员进行了例行的无线电联络。

译文：He routinely radioed another agent on the ground.

4. 副词词类转译

副词词类转译主要涉及以下方面：

（1）副词译成动词。

例 1：She opened the window to let fresh air in.

译文：她把窗子打开，让新鲜空气进来。

例 2：Now，I must be away. The time is up.

译文：现在我该离开了，时间已经到了。

（2）副词译成形容词。

例 1：The film impressed me deeply.

译文：这部电影给我留下了深刻的印象。

例 2：他显然属于少数。

译文：He was in a clear minority.

（3）副词译成名词。

例 1：He is physically weak but mentally sound.

译文：他身体虽弱，但智力正常。

例 2：They have not done so well ideologically，however，as organizationally.

译文：但是，他们的思想工作没有他们的组织工作做得好。

（二）句子成分转译

除了常见的词性转换外，有时候根据需要还有必要将句子成分进行转译。所谓句子成分转换的译法，是指为了使译文通顺流畅，符合目的语的表达习惯，翻译时把句子的某一成分（如主语）译成另一成分（如宾语等）。在多数情况下，词类转译必然导致句子成分的转译，例如，当英语的动词转译为汉语的名词或者副词时，该动词的谓语成分就相应地转译为汉语的主语、宾语或状语等。

句子成分的转译主要包括以下方面：

1. 主语转译

主语转译主要涉及以下方面:

(1) 主语转译为谓语。

例1: In recent years increasing attention had been paid to the economic benefit in the production of our factory.

译文: 近年来, 我厂越来越注重生产中的经济效益。

例2: The following definitions apply to the terms used in this specification.

译文: 本说明所用的一些术语定义如下。

(2) 主语转化为宾语。

例1: Much progress has been made in computer science in the last 20 years.

译文: 计算机科学在近20年内取得了很大的进步。

例2: Organic compounds are not soluble in water because there is no tendency for water to separate their molecules into ions.

译文: 有机化合物不溶于水, 因为水没有将它们的分子分离成离子的倾向。

(3) 主语转译为状语。有时英语句子中的主语是说明行为的原因、条件、时间等, 这个时候就可以考虑将主语翻译成状语 (从句)。这种情况多出现在简单句中。

例1: The world has witnessed different roads to modernization.

译文: 世界上已有了不同的现代化道路。

例2: Bad weather prevented us from going camping last weekend.

译文: 上周末因为天气不好, 我们没去野营。

(4) 主语转译为定语。如果主语和宾语之间的关系密切, 或宾语本身就是主语的一部分, 译成汉语时, 为使译文符合汉语的表达习惯, 往往把原文的主语转换为定语。

例1: Without air, the earth would undergo extreme changes in temperature.

译文: 没有空气, 地球的温度会发生极大的变化。

例2: The human body has a very complex organization.

译文: 人体的构造非常复杂。

分析: 如果翻译成 "人体有一个非常复杂的构造", 虽然保留了原文相应的句子成分, 但译文读起来就有翻译腔。

2. 谓语转译

谓语动词转译成名词, 并且在句子中充当主语成分。

例 1：Neutrons act differently from protons.

译文：中子的作用不同于质子。

例 2：Water with salt conducts electricity very well.

译文：盐水的导电性能良好。

3. 宾语转译

宾语可以转译为主语和谓语：

（1）宾语转译为主语。

例如：Take it easy. A cup of hot coffee will make you feel better.

译文：放松点，你喝杯热咖啡就会感觉好些的。

（2）宾语转译为谓语。

例如：Before graduation we should make full use of the time left to arm ourselves with more knowledge.

译文：在毕业前，我们应当充分利用剩下的时间，用更多的知识来武装自己。

4. 状语转译

状语转译主要涉及以下方面：

（1）状语转译为主语。

例如：We know that oxygen is necessary for the breathing of animals and plants and for burning.

译文：我们知道，动植物呼吸和燃烧都需要氧气。

（2）状语转译为定语。

例 1：The weather is warm and sunny here.

译文：这里的气候温和，阳光充沛。

例 2：Cheating in school also tends to ebb and flow. But it doesn´t seem linked to the economy.

译文：学校中的作弊现象也往往有涨有落，但这似乎跟经济没有什么联系。

（3）状语转译为补语。

例如：Jefferson died on July 4，1826.

译文：杰斐逊死于 1826 年 7 月 4 日。

5. 定语转译

定语的转译主要涉及以下方面：

（1）定语转译为谓语。将定语转译为谓语通常是为了突出定语所表达的内容。

例如：There is a large amount of energy wasted due to friction.

译文：由于摩擦而损耗了大量的能量。

（2）定语转译为“是”的宾语。同转译为谓语情况一样，转译为“是”的宾语也多半是为了突出其表达的内容。

例如：The earth was formed from the same kind of materials that makes up the sun.

译文：构成地球的物质与构成太阳的物质是相同的。

（3）定语转译为状语。

例1：We should have a firm grasp of the fundamentals of computer science.

译文：我们应该牢固掌握计算机科学的基本知识。

例2：The young man cast impatient glances at the old man.

译文：年轻人不耐烦地看了看那位老人。

总而言之，在英译汉时，经常需要转换句子成分，从而使译文逻辑正确，通顺流畅，重点突出。句子成分转译的内容和形式都比较丰富，运用范围也相当广泛，是翻译的重要方法与技巧，读者需要掌握。

（三）语态转译

语态是表明句子中谓语与主语之间关系的一种语法手段。相比汉语，英语中被动语态使用范围大、频率高。根据两种语言的习惯，在英汉翻译时，英语被动句大部分情况下需要进行语态转译。一般有以下转译情况：

1. 转译为主动句

英语和汉语都有被动语态，但两种文字对被动语态的运用却不尽相同。同一个意思，英语习惯用被动语态表达，汉语却往往要用主动语态。因此，在翻译英语的被动语态时，将之转译为汉语的主动句便成为常用的翻译手段。一般而言，在被动转译为主动时，可以通过以下几种途径进行：原文中的主语在译文中仍然做主语；原文中的主语在译文中做宾语；译为“是……”的主动句；含主语从句的被动句型译为主动句。

（1）原文中的主语在译文中仍做主语。

例1：Most of the questions have been settled satisfactorily; only a few questions of secondary importance remain to be discussed.

译文：大部分问题已经圆满地解决了，只剩下几个次要问题需要讨论。

例 2：Here，hold the baby while I fix her blanket. It's all pulled out.

译文：来，抱着孩子，我把毯子弄好，全都拉散了。

（2）原文中的主语在译文中做宾语。

例 1：It has to be pointed out that one and the same word may have different meanings in different branches of science and technique.

译文：必须指出：同一个词在不同的学科和专业中可以有不同的含义。

例 2：Even when the pressure stays the same，great changes in air density are caused by changes in temperature.

译文：即使压力不变，气温的变化也能引起空气密度的巨大变化。

（3）译为“是……”的主动句。

例 1：Rainbows are formed when sunlight passes through small drops of water in the sky.

译文：彩虹是阳光穿过空气中的小水滴时形成的。

例 2：The result of the invention of the stream engine was that human power was replaced by mechanical power.

译文：蒸汽机发明的结果是，机械力代替了人力。

（4）含主语从句的被动句型译为主动句。以 it 做形式主语的英语句子，翻译时常要转为主动形式，有时可加上“有人”“大家”“我们”等不确定主语。

例 1：It is reported that the enemy has been breeding new strains of killer viruses.

译文：据报道敌人正在培育新的杀人病毒。

例 2：It is suggested that the meeting be put off till next Monday.

译文：有人建议会议推迟到下星期一举行。

2. 转译为无主句

In translating，the translator can convert the English passive into a subjectless or subject-omitted Chinese sentence. Also，the Chinese “ executive form ”（处置式） with causative “把” “将” or “使” may be used.

例 1：The mechanical energy can be changed back into electrical energy by a generator.

译文：利用发电机，可以将机械能再转变成电能。

例 2：The students should be enabled to develop morally，intellectually and physically in an all-round way.

译文：必须使学生在德育、智育、体育方面得到全面发展。

例3：The unpleasant noise must be immediately put to an end.

译文：必须立即停止这种讨厌的噪声。

例4：Measures have been taken to prevent the epidemic from spreading quickly.

译文：已经采取了措施来防止这种流行病迅速蔓延。

例5：Water can be shown as containing impurities.

译文：可以证明，水含有杂质。

3. 转译为因果关系的句子

by 后面如果是没有生命的事物，有时，就不是一般意义上的施与者，而是表示一个原因，翻译时可以用“由于、因此”等词带出。

例1：Do not let yourself be discouraged or embittered by smallness of the success that you are likely to achieve in trying to make life better.

译文：不要因为你为改善生活所做的努力只取得小小的成功而气馁或伤心。

例2：Even the coastal trades were curtailed by a lack of vessels, by blockades and by war time freight rates.

译文：甚至沿海地区的贸易也由于缺少船只，海上封锁，以及战时的高昂运费而缩减。

综上所述，在翻译时，英语被动句多数情况下应该转译成汉语的主动句，只有在特别强调被动动作或特别突出被动句时才译成汉语被动句。在实际的语段翻译中，被动语态的翻译要求对以上种种方法进行综合的、灵活的运用，这是自不待言的。我们要挑选一种既符合汉语习惯，又保持上下文连贯的译法。同时，既要注意语态转换的一般规则，也要注意其例外情况。

二、大学英语翻译的分译法

所谓分译就是指根据汉语的句法特点，把英语的句子分解成两个或两个以上的单位，以求译文在正确传达原文的思想内容的前提下更加明确。分译通常包括单词分译、短语分译和句子分译三种情况。

（一）单词分译

单词分译是指把原文中的一个单词拆译成一个小句或者句子。采用单词分译主要有两个目的：一是为了句法上的需要；二是为了修饰上的需要，这类分译可以细分为以下五类：

（1）单词词义分译。英语有些单词的语义呈综合型，即一个词内集合了几个语义成分。进行汉译时，很难将其词义一下全部表达出来。这种情况下，便可以采取单词词义分译法。

例 1：The town boasts a beautiful lake.

译文：镇上有个美丽的湖，人人以此为豪。（动词）

例 2：We recognize that China′s long-term modernization program understandably and necessarily emphasizes economic growth.

译文：我们认识到，中国的长期现代化计划以发展经济为重点，这是可以理解的，也是必要的。（副词）

（2）单词搭配分译。英语中有些词语间的搭配关系，汉译时要打破原文的结构，按照汉语习惯，将有关词语分别译出。

例 1：She treated that lady with every demonstration of cool respect.

译文：她对待那位夫人不冷不热，不错规矩。

例 2：His wealth enables him to do everything.

译文：他有钱，什么事都能干。

（3）灵活对等分译。英语中有些单词，如果按其在句中的位置机械地译成汉语，往往意义不够明确，遇到这类情况，译者不应该拘泥于原文形式，而应采用灵活对等分译法来处理。

例如：Thus it was that our little romantic friend formed visions of the future for herself.

译文：我们的小朋友一脑袋幻想，憧憬着美丽的未来。

分析：如果逐字译成“我们浪漫的小朋友憧憬着未来”，并不能算错，但意思却不甚明了，因为“浪漫”一词在汉语里含义较多。此处为“想入非非”，所以，分译成“一脑袋幻想”较为明确。既突出了人物性格，又避免了翻译腔。

（4）突出语言重点。有时逐字翻译虽然也能使语句通顺，但不如分译更能传达句内所含的语义重点。

例如：... there was in the old library at Queenys Crawley a considerable provision of works of light literature of the last century，both in the French and English languages...

译文：在女王的克劳莱大厦的书房里，有不少 20 世纪的文学作品，有英文的，也有法文的，都是些轻松的读物……

（5）修辞需要词语分译。有时将单词分译是为了达到某种修辞效果。

例如：And in their disputes she always returned to this point，“Get me a situation—we hate each other，and I am ready to go.”

译文：从此以后他们每拌一次嘴，她就回到老题目，说道：“给我找个事情，反正咱们你恨我我嫌你，我愿意走。”

分析：此句中一个 hate 分译成“恨”与“嫌”两个字，使得译笔生动，读者如见其人。

（二）短语分译

短语分译是指把原文中的一个短语分译成一个句子。名词短语、分词短语、介词短语等有时都可以分译成句：

1. 名词短语分译

例 1：I wrote four books in the first three years，a record never touched before.

译文：我头三年写了四本书，这打破了以往的记录。

例 2：Invitingly green Angel Island，once a military installation，contains meandering trails and picnic spots ideal for a day´s excursion.

译文：迷人的天使岛郁郁葱葱，小径蜿蜒，是一日游的理想野餐场所，但在过去它却是一个军事基地。

2. 分词短语分译

例 1：He didn´t remember his father leaving home when he was only 3 years old.

译文：他三岁时父亲就离家出走了，因此他不记得父亲。

例 2：She sat with her hands cupping her chin，staring at a corner of the little kitchen.

译文：她坐在那儿双手托着下巴，眼睛凝视着小厨房的一角。

3. 介词短语分译

例 1：They were very frank and candid with each other in a relaxed way.

译文：他们相互十分坦率，而且直言不讳，但气氛却十分轻松。

例 2：Their power increased with their number.

译文：他们人数增加了，力量也随之增强。

（三）句子分译

句子分译可以分为简单句的分译、并列句的分译、主从复合句的分译和长句的分译。

1. 简单句分译

简单句的分译要根据具体情况，灵活处理。

例 1：Daybreak comes with thick mist and drizzle.

译文：黎明时分，大雾弥漫，细雨蒙蒙。

例 2：A peasant and his family were working in a little field beneath the singing larks.

译文：农夫一家人正在一小块地里干活，头顶上云雀在唱歌。

2. 并列句分译

并列句常常在分句连接处加以切分，译成两个或两个以上的句子。

例如：I sat with his wife in their living room，looking out the glass doors to the backyards，and there was Allen? spool，still covered with black plastic that had been stretched across it for winter.

译文：我跟他妻子一起坐在他们家的起居室里，望着玻璃门外的后院。后院里有阿伦的游泳池，上面还盖着过冬时铺上去的黑色塑料棚。

3. 主从复合句分译

英语主从复合句汉译时常在分句连接处加以切分，分译成两个或两个以上的句子。

例 1：A bankable actor is one with whose name a producer can raise enough money to make a film.

译文：所谓“摇钱树”的演员就是指这样一种演员：制片人只需抬出其大名来就可以筹措到足够摄制一部影片的经费。

例 2：Progress includes the involvement of younger researchers whose interest arose from exploration and field experience.

译文：受探险和野外经历的激发，出现了一批更加年轻的研究者。

4. 长句分译

英语中有的单句不亚于复句，较长，也较复杂，不使用翻译技巧很难把它们译好。这类长句往往含若干短语和其他修饰语，汉译时宜采取“化整为零”的办法，把其中意思相对独立的尽量译成汉语分句，并按意思或用语法手段把它们组织起来。这样，译文就会层次清楚，语句简洁。

例1：Care shall be taken at all times to protect the instrument from dust and damp.

译文：应经常注意保护仪器，勿使沾染尘土，勿使受潮。

分析：把不定式 to protect 译成两个分句。

例2：Those who had before known her, and had expected to behold her dimmed and obscured by a disastrous cloud, were astonished, and even startled, to perceive how her beauty shone out, and made a halo of the misfortune and ignominy in which she was enveloped.

译文：那些本来就认识她的人，原先满以为她经历过这一磨难，会黯然失色，结果却让人惊得发呆。因为他们所看到的，是她焕发的美丽，竟把笼罩着她的不幸和耻辱凝成一轮光环。

分析：拆成因果句。

总而言之，英汉两种语言之间存在很大差异。在进行英汉翻译时，译者必须灵活使用不同的翻译技巧与方法。在众多的翻译技巧和方法中，分译法是改变原文句子结构的重要变通办法。分译法不仅可用于拆译长句，还可以用来拆译单句或短语，甚至可以用来拆译单词。另外，分译时，精心安排译文的语序是很要紧的，其具体做法可归纳为四个字：顺、逆、抽、调。

第五节　大学英语翻译的倒置法与重组法

一、大学英语翻译的倒置法

所谓倒置法，即为了遵从目的语的表达习惯，翻译时有必要对原文的词序进行适当调整。这既包括词组或短语中的词序倒置，也包括句子中修饰成分的倒置，还包括句子结构的倒置。

（一）词组或短语中的词序倒置

词序调整在词组或短语的英汉互译中是非常普遍的。

tough-minded 意志坚强的

heart-warming 暖人心的

well-conducted 行为端正的

East China 华东

northeast 东北

southwest 西南

早晚 sooner or later

得失 loss and gain

三三两两 by twos and threes

来来回回 to and fro，back and forth

例 1：She had such a kindly，smiling，tender，gentle，generous heart of her own.

译文：她心地厚道，为人乐观，性情温柔，待人和蔼，气量又大。(倒置前置定语)

分析：原文中用五个形容词来修饰 heart，译文对 heart 和五个形容词的位置进行了互换，这种倒置更符合汉语的表达习惯。

例 2：We Study hard in the classroom every day.

译文：我们每天在教室努力学习。(状语词序倒置)

（二）句子中修饰成分的倒置

句子中修饰成分的倒置主要涉及以下方面：

(1) 定语从句的位置倒置。在汉语中，定语修饰语和状语修饰语往往位于被修饰语之前；在英语中，许多修饰语常常位于被修饰语之后，因此，翻译时往往要把原文的语序颠倒过来。倒置法通常用于英译汉，有时也用于汉译英。

例 1：We could not really feel satisfied，calm or in agreement with the situation with which we are faced at the beginning of this session of the General Assembly.

译文：我们对本届联合国大会开始时所面临的局势难以感到满意，也难以感到心安理得。

例 2：Bernard Shaw was a well-known English playwright，who wrote many plays.

译文：萧伯纳写过许多剧本，是英国的一位著名剧作家。

例 3：At once the sky grew dark，and the ground opened up near the spot where they were standing.（*Aladdin and the Wonderful Lamp*）

译文：顿时天昏地黑，他们所站的地方附近的地皮裂开了。

例 4：他就是那个告诉我这个消息的人。

译文：He is the man who told me the news.

例 5：我永远忘不了我们第一次见面的那一天。

译文：I shall never forget the day when we first met.

（2）状语从句的位置倒置。表示方式或结果的英语状语从句，通常位于主句之后；其他表示时间、地点、原因、条件、让步或目的的状语从句可能在于主句之前，也可能置于主句之后；汉语中表示结果的状语也常位于主句之后，但表示时间、地点、原因、条件，让步或目的的状语却常置于主句之前。

例 1：Stormy applause broke forth the moment she appeared on the stage.

译文：她一出现在台上，就爆发出暴雨般的掌声。

例 2：The machine will start as soon as you press the button.

译文：你一按电钮，机器就会开动。

例 3：I´m proud that our country is forging ahead at such a speed.

译文：我国如此突飞猛进，我感到很骄傲。

例 4：We shall discuss the problem fully before we make the decision.

译文：我们在做出决定之前，必须充分讨论该问题。

例 5：她每天早晨在教学楼前大声朗读。

译文：Reads aloud in front of the teaching building every morning.

（三）句子结构的倒置

就句子结构而言，英语有前轻后重的特征，倾向于先推断或做结论，再叙述或描写。这种谓语部分比主语部分要长或复杂的情况，语法学家称之为“尾重型”结构。汉语结构的安排却相反。从逻辑结构上讲，两种语言在句型结构的安排上也存在差异。

因而，在英汉互译时，常常需要进行句子结构的倒置以使译文更符合目的语的表达习惯。如译者有时需要将英语中表示“结果—原因”的句子结构颠倒成汉语的表示“原因—结果”的表达结构，将英语的“结论—分析”转化为“分析—结论”的表达结构，以及将英语的“假设-前提”转化为汉语的“前提-假设”结构等。这些英汉之间句子结构的转化，其实是倒置翻译法中的一种情况。

总而言之，倒置法是一种与语法、修辞、逻辑、用法、思维方式密切相关的翻译技巧。英汉句子结构和语序上的一些普遍差异，要求译者在翻译的时候有必要重新安排原文的信息。

二、大学英语翻译的重组法

一般而言，英语长句译成汉语常用原序译法、换序译法和拆分译法，但在翻译实践中，往往不只是单纯地使用一种翻译方法。如果两种语言的表达方式不一致，运用顺译法便会显得牵强、别扭，这时则宜采用重组法。重组法一般用于英译汉，偶尔也用于汉译英。

重组法（recasting）：指在进行英译互译时，为了使译文流畅和更符合原文叙事伦理的习惯，在弄清原文长句的结构、弄懂原文意义的基础上，彻底摆脱原文的语序和句子形式，对句子进行重新组合。重组一般都是以各部分之间的（时间、逻辑）关系为依据的。

具体而言，就是分析原文结构，解读原文意思，然后根据目标语的思维方式和表达习惯重新组织和安排信息，译出原语真正要体现的内容和情感。

第六章
大学英语阅读教学与翻译教学的融合研究

第一节　大学英语精读教学与英汉翻译教学的融合

听、说、读、写、译是英语学习的五项基本技能，由此可见英汉翻译在英语学习中的重要性。然而，“大学英语教学强调的是对学生进行听、说、读、写方面的训练，理解文章时也是教学生从语法和词汇入手，而并不会深入到翻译理论和技巧的角度去进行分析”①。其实，翻译（英译汉）能力是大学英语教学对学生进行培养的一个很重要的方面，此外，培养学生具有较强的阅读能力和一定的听、说、写、译的能力，使他们能用英语交流信息。大学英语教学应帮助学生打下扎实的语言基础，掌握良好的语言学习方法，提高文化素养，以适应社会发展和经济建设的需要。其中“译”就摆在了一个很重要的位置。具体来讲，就是要求培养学生能用常见的词汇和语法知识，根据对句子意思的理解，完成句子内容的翻译，并达到内容贴切，句子完整，时态、语法基本正确，语句连贯等要求。而要内容贴切、语句连贯，光靠语法和词汇知识是不够的，还需要掌握翻译理论和技巧方面的知识。但出于各种原因，对非外语专业大学生没有开设专门的翻译理论和实践课，因此，在精读教学中，大学外语教师就有责任择机给他们传授基本的翻译理论和常用方法、技巧，并通过反复实践培养学生的翻译熟练技能，让学生通过实践来总结经验并掌握翻译理论知识以及基本规律，以此提高他们的翻译（英译汉）能力，所以，在非外语专业大学英语精读教学中融入英汉翻译教学是很有必要的，并且具有重要的意义。

一、大学英语精读教学与英汉翻译教学融合的可行性

在大学英语精读教学中融入英汉翻译教学是完全可行的。首先，这两种教学在大学期

---

① 赵红，袁新华．浅析大学英语精读教学和英汉翻译教学的融合［J］．江西电力职业技术学院学报，2011，24（2）：82.

间融合完全符合学习者的认知过程。听、说、读、写、译这五项基本技能的学习，译排在最后，说明它是英语学习者英语综合运用能力的体现。学生在高中阶段就已掌握了一定的词汇和语法知识，这为他们学习翻译理论和技巧打下了扎实的基础。而且，如今的大学生已走近成年，人际交往、社会体验都在不断扩展。他们具备自主学习的能力和进一步掌握资源的策略，能独立地获取信息和资料，并能加以整理、分析、归纳和总结。其次，翻译教学的主要任务是通过一些典型的英译汉例证向学生传授具体的翻译方法和翻译技巧，通过形式多样的训练方式，让学生的英语综合水平和跨文化交际能力得到提高，使他们将来进入社会后，能胜任初级水平的英译汉翻译工作，这和英语精读教学的性质和任务是一致的。最后，大学英语精读教材提供了很好的且足够丰富的翻译教学素材。

二、大学英语精读教学与英汉翻译教学融合的方法

（一）在词汇讲解中恰当体现翻译技巧

词汇讲解是精读教学的一个部分，在这个过程中，词汇教学中并非只是为了学习词汇本身，教师可以选择一些典型的词汇，结合翻译技巧和翻译基本理论，用不同的例句恰当地讲解，通过这些例句对学生进行翻译实践的训练和翻译技巧的操练。下面以《新视野大学英语》第二册为例：

If you often feel angry and overwhelmed, like the stress in your life is spinning out of control, then you may be hurting your heart. (Unit 7, section A)

在讲解“like”时，我们可以补充说明英汉词语的对应关系。中文和英文中有些词的关系是对应的，如一些专有名词、术语和日常生活中的一些事物等，这些英文词语在中文中找得到意思完全一致的对等词，例如，self-confidence 自信。但是大多数的英汉词汇不是这种关系，有的英文词在中文中有多个对应词；有的无对应词；有的表层意义对应，但深层意义不同。“like”属于第二种，为了准确地翻译，首先得确定它的词义。确定词义的方法有几种，这里我们应该从它的词性来确定词义。一般而言，一个单词往往具有几种词性，但它们之间的意义会有区别。例如：

I like it. (v.) 我喜欢它。

I´ve never seen its like. (n.) 我从来没看到过与它一模一样的。

Jim and his brother are very like. (adj.) 吉姆与他的弟弟很相像。

You should not have said like this. (prep.) 你本不该像这么说的。

我们还可举不同的例子说明根据词的构成、词在句中的上下文、词语所处的学科和专业等来确定词义。例如：

Time is treated as if it were something almost real. We budget it, save it, waste it, steal it, kill it, cut it, account for it.（Unit1, section A）

“steal”和“kill”在这里绝不能译为“偷”和“杀”，它们在不同的语境中会有不同的意义，所以，根据上下文，它们的意思分别应为“抢时间”和“消磨时间”。另外，词语的翻译方法也是学生应该了解的知识，我们能在精读课文中找到很多机会传授这方面的知识。例如，《新视野大学英语》第二册 unit 6, sec-name stereotyping to some extent.

“free from”译为“没有”，这是典型的正说反译、反说正译法。所谓正说反译、反说正译法是指在翻译实践中，为了使译文忠实于原文而又符合译语的表达习惯，有时必须把原文中的肯定说法变成译文中的否定说法，或把原文中的否定说法变成译文中的肯定说法。例如：

The list goes on. 名单还没有完。（正说反译）

He failed to appreciate our kindness. 他不识抬举。（正说反译）

It´s no laughing matter. 这可是件严肃的事。（反说正译）

The job was no sweat. 这事容易极了。（反说正译）

（二）在语法讲解中对比英汉语言表达方式的差异

翻译课程在论及语句的翻译技巧时，首先会强调英汉思维的不同，不同的思维方式导致了英汉两种语言不同的句法结构和表达方式。在大学英语教学中应注意向学生传授英汉表达方式的差别，努力克服汉语的负迁移，多进行两种语言的对比。只有这样，学生才能正确地理解英汉句法结构表达的不同含义。过去，教师在讲解英语语法时，为了图省事，总是用英文的思维来给学生进行翻译。例如：

If I had known it, I would not have joined in it. 如果我已经知道了，我就不会参加了。（正确的翻译应该是：早知如此，我就不参加了。汉语中省略了 if。）

The monks may run away, but the temple cannot run away with them. 和尚可能逃跑，但是庙不能和他们一起逃跑。（正确的翻译应该是：跑了和尚跑不了庙。汉语中省略了 but。）另外，汉语重“意合”（parataxis），句子的线性扩展常常用“意合对接”（parataxical linkage）的方式，句法框架简约，语法范畴模糊，喜用多个动词或形容词词组做句子谓语构成平行铺排的句式（所谓“流水句”），呈竹节形（bamboo-shape）展开；英语重“形合”（hypotaxis），句子排列多呈“树形”结构（tree-shape），围绕句中 SV 主谓结构形成上下递迭前后呼应的势态，主干枝丫分明，逻辑层次严谨。

例如：The fanciful names at Arches National Park like Fiery Furnace，Three Gossips，Marching.

此句英文（粗体部分为 SV 主干），结构紧凑，主次分明，且一气呵成，这种结构在汉语中是不可能出现的：石拱门国家公园内那些极富想象力的景物名称如“火炉烈焰”“行进者”“黑天使”等与山石形象正好吻合且恰如其分，这样的表达明显不合汉语习惯，原文字里行间内涵也未得到恰当引申。要符合汉语的事理顺序，就应将原文拆成若干小句，将原文隐含的意义充分展示出来。

（三）在精读课文的讲解中充分发挥教材优势

在大学英语精读课文中，出现了很多典型的例句和段落，我们能充分利用这些课文作为翻译技巧讲解的例子，不失时机地把翻译教学渗透到精读课文讲解过程当中去。这样既可以加深学生学习精读课文的印象，也可以通过翻译句子或段落，让学生掌握一定的翻译技巧。以下以《新视野大学英语》第二册精读教材为语料，对利用精读课文中出现的句子或段落进行翻译知识的讲授和翻译技巧的传授进行分析。

例如：Money that should be spent for food goes instead to the tobacco companies.（unit 5，section A）

有的学生虽然能够理解这个句子，但是翻译的时候总是受原文句子的约束，导致翻译出来的句子不顺。例如，有学生将这个句子翻译成：本来应该花在食物上的钱去了烟草公司。

在分析这个句子的时候，教师可以见缝插针地讲解英汉语言的差异。英语句子常用物称表达法，让事物以客观的口气呈现出来，使叙述显得客观公正，语气委婉间接，避免主观臆断；汉语句子在描述事物和阐述事理的过程中，习惯使用人称表达法，即用人或有生命的事物做主语。这样学生会很容易地理解另一种翻译：相反，人们把本应用来买食物的钱给了烟草公司。例如：

Troubles visited the family. 这个家庭有不少麻烦。

It must be admitted that performance enhancing drugs are exploited to offer advantage to some Olympic athletes,....（unit 2，section A）

学生会对主句部分的翻译不知所措，这涉及英语句子被动形式较多的另一个特点，而汉语句子中多主动，被动形式用得少，有时不用被动形式也可以表达被动的含义。所以，教师如果能抓住英汉的这些特征，适时地对学生加以指导，学生就可以避免母语的负面影响，从而增强对英语的敏感度。

总而言之，大学英语教学和大学英语翻译教学是相辅相成的，根据具体的教学目的和教学内容进行调整，加强二者的融合，既可以培养学生一定的翻译能力，又可以与基础教学进行互补，从而达到全面培养学生英语应用能力的教学目的。当然，随着我国英语教学水平和学生英语水平的提高，最理想的做法是专门给学生开设介绍翻译理论和翻译技巧的课程，对学生进行翻译实践的训练。

第二节　大学英语翻译教学与“跨文化”的有机结合

在高校英语教学中，结合英语翻译和跨文化理念对学生进行教育，可以提高学生对跨文化内容的认识，让学生掌握翻译技巧，实现翻译课程教学的核心目的。但是，在现阶段高校英语翻译课程中，存在着教师及学生对英语翻译跨文化意识认识不足、忽视文化差异性以及学生翻译能力较弱的问题，这些问题若不能得到及时解决，会限制高校学生英语专业的翻译技巧的提升，降低高校人才培养的质量。因此，“在现阶段高校英语翻译教学汇总过程中，教师应该认识到学生跨文化意识提升的重要性，应针对学生的学习状况以及英语翻译课程内容，通过与跨文化知识进行结合，提高学生的翻译素养，满足现代高校英语专业人才培养的需求”①。

一、跨文化教育在大学英语翻译中的价值

大学英语翻译课程为了提高学生的专业素养，应结合跨文化内容进行人才的培养，以满足翻译人才培养的需求。在传统英语教学中，存在着较为明显的中式英语现象，英语教师以及学生会过于重视语法结构，而忽略英语翻译。而在实际生活中，汉语以及英语由于地方文化的差异、文化背景的不同等，存在着翻译语言以及文化的不同。

例如，在对待新鲜事物表达中，中文成语中有“雨后春笋”，但是在英语语境中，会强调春天原野中茂盛生长的蘑菇，所以会用“Spring up like mushrooms”表达新鲜事物。

① 王长兴. 高校英语翻译教学与“跨文化”的有机结合［J］. 教师，2019（11）：52.

为了提高学生的翻译素养，让其对中英文化进行分析，在英语翻译教学中融入跨文化教育内容是十分必要的。学生的跨文化意识得到提升，不仅可以实现英语翻译的客观性，而且也可以改变以往机械性的翻译现象。教师应加深学生对跨文化内容的认识，为学生英语翻译技能的强化提供支持。

二、大学英语翻译教学与跨文化理念的融合措施

（一）提升学生对跨文化内容的认识

在现阶段高校英语翻译课程教学中，应该将学生跨文化意识的提升作为重点，引导学生结合不同文化之间的差异性，进行英语翻译。通常而言，在学生跨文化意识提升中应该做到以下方面：

第一，培养学生的文化平等意识。由于学生的差异性，不同学生主体对文化的认同感不同。部分英语知识较弱的学生，在英语翻译中会产生消极情绪。因此，为了提高高校学生的文化平等意识，英语教师在学生翻译能力培养中，应融入跨文化理念，引导学生正确地看待英语翻译内容，并积极鼓励学生探索西方文化，认识到不同国家的文化价值，激发学生英语翻译的兴趣，为学生翻译能力的提升提供支持。

第二，强调学生的文化理解能力。通过对高校英语翻译进行分析，发现在提升学生英语翻译技巧过程中，通过跨文化内容的融合，可以加深学生对英语文化的理解，引导学生结合原文准确表达英语文化。教师在教学中，应该针对不同文化内容进行教学，及时发现学生的错误文化认知，并进行纠正处理，加深学生对英语文化的认识。例如，在高校英语教学中，当进行 Tony Trivisonno´s American Dream 教学时，教师可以利用多媒体播放美国梦的内容，并介绍美国社会的价值观念以及生活观念，通过这种文化的总结，提高学生对美国文化的认识。学生在学习中，通过对 Tony 积极乐观态度的学习，可以树立正确的观念，提高对英语文化的认识，并树立英语翻译学习的信心，为能力的提升提供支持。

（二）加强创新翻译教学方法

伴随高校英语翻译教学的改革，教师应该及时转变以往的教学态度，通过创新教学方法，融入跨文化翻译理念，激发学生的翻译兴趣。

第一，英语教师在翻译课堂上，可以将班级中的学生分为不同小组，并为学生提供翻译内容，让学生以小组为单位进行翻译、讨论，之后让小组成员发表本组对翻译过程的想

法，以及最终的翻译结果。在小组翻译结束之后，教师应该针对不同小组的翻译状况，融入跨文化思想进行翻译要点的讲解，使学生在之后的翻译中更好地融入跨文化思想。

第二，在翻译教学中，教师应该将跨文化内容作为重点来丰富翻译课堂，将学生作为课堂中的主体，使学生结合真实的情境进行翻译，深化学生对英语的掌握能力。例如，在中国菜普及的背景下，教师可以针对课程内容，引入中国菜的翻译环节，当翻译到麻婆豆腐时，教师可以让各小组进行讨论，一些学生会将其翻译成“Mapo Toufu”，也有部分学生会将其翻译成“Mapo beancurd”，还有的学生会将其翻很多国家的人们对“Toufu”一词已经认可，所以，在豆腐翻译的过程中，可以使用 Toufu。而为了实现对中国文化的传承，将麻婆豆腐翻译成“Mapo Toufu”既展现我国的文化内涵，而且在特定的语境之下也可以对 Mapo 进行标注，提高语言翻译的价值。

（三）明确跨文化教育的原则

在当前高校英语翻译教学中，为了实现文化教育提升的有效性，需要强调跨文化教育的核心原则。教师在英语翻译教学中，通过平等原则、兴趣原则，可以加深学生对不同文化的认知。例如，在平等原则中，可以引导学生树立正确的文化认知，通过本土文化以及英语文化的融合，形成平等的翻译理念。又如，在跨文化教育中，通过兴趣原则，教师可以将学生作为主体，在翻译课堂中着重强调学生的兴趣，并为学生创设真实情境，充分展现英语翻译课程的有效性。因此，在高校英语翻译课程中，通过多种跨文化教育原则的利用，能够引导学生在学习中根据不同的翻译技巧进行翻译，充分展现不同区域的文化属性，提高学生翻译的情境化，为现代高校学生翻译能力的提升提供支持。

综上所述，在现阶段大学英语翻译教学中，为了提高学生的语言素养，教师应该在翻译课堂上融入跨文化理念，帮助学生形成跨文化意识，以提高其对英语文化背景的认识，为学生翻译技巧的掌握提供一定的支持。大学英语翻译教师在应用跨文化翻译理念进行教学时，需要将学生作为主体，引导学生在翻译中形成文化平等意识，并积极创新多样化的英语翻译教学技巧，遵循跨文化的教育原则，通过多种教育方法的完善，提高学生的翻译能力，展现跨文化理念在高校英语翻译教学中的价值。

第三节 基于 SPOC 的大学英语翻译教学模式构建与运用

针对当前由缩减学时等引发大学英语翻译教学效果不佳的现状，结合我国“金课”建设、“课程思政”建设、提升大学生“文化自信”等教育要求，依托超星学习通平台，在教材翻译文本的基础上，增加主题相关且难度较高的翻译文本、英汉互译技巧慕课、中国文化慕课与音频、翻译佳作、教师微课等教学内容，系统地构建大学英语翻译 SPOC。应用 SPOC 资源，采用线上线下混合式教学方法，形成基于 SPOC 的大学英语翻译教学模式，以此实现翻译教学与文化教育的融合，帮助学生掌握大学英语翻译技巧并获得文化自信，提高大学英语翻译教学水平。

SPOC（Small Private Online Course）指“小规模私有在线课程”，SPOC 的实质是将优质慕课课程资源与课堂教学有机结合，是一种特殊的线上、线下教学相结合的混合学习模式。SPOC 适用于大学英语翻译教学，如在翻译课程教学中，采用 SPOC 混合式教学模式，创建“翻转”要素，改变传统教学流程，翻转传统课堂，赋予学生完整、深入的学习体验，培养学生自主学习和深度学习能力，从而提高学生的翻译能力和翻译水平。另外，基于 SPOC 的翻转课堂教学将线上自学和线下课堂教学相结合，重视学生的自主探索和师生互动，符合翻译理论与实践课程的教学要求。SPOC 学习模式避免了慕课规模大、准入条件低、难以监控、师生互动少等缺点，教师能动地选择教学材料、灵活地设计教学活动，将面授与互联网+教学的优势充分结合，为大学英语翻译教学改革提供技术支撑。

结合大学英语学生学情实际，建设资源丰富的大学英语翻译 SPOC。基于学习通平台，应用大学英语翻译 SPOC 资源进行线上线下混合式大学英语翻译教学改革，提升学生的翻译技能、增强学生的文化自信，同时锻炼学生的自主学习能力、小组协作能力等。

一、基于 SPOC 大学英语翻译教学模式构建与运用的内容

教学内容主要涉及英汉语言文化差异、英汉互译技巧、翻译佳作赏析、翻译国学大师等方面，包括：教材《新视野大学英语（第三版）读写教程》翻译练习；与教材翻译练习主题相关、难度较高的翻译材料，如大学英语四、六级翻译真题模拟题、外语教学与研究出版社《大学英语文化翻译教程》翻译文本等；英汉互译技巧慕课，如“中国大学慕课”国家精品课程南京大学《英汉互译方法与技巧》与上海师范大学《英汉互译》，旨在

帮助学生系统学习翻译理论，掌握词汇、句子、文化、体裁等方面翻译技巧；中国文化慕课与音频，如南京大学《中国文化与当代中国》与东北农业大学《中国文化英语》，前者由中、外两位教师从中西两种文化视角探讨对中国文化的理解，后者以英汉两种语言形式授课，内容涵盖儒家思想、老子无为思想、孙子兵法、长城、兵马俑、京剧、民间艺术、丝绸之路等，帮助学生了解中国古代文化的文明灿烂和当代文化的丰富内涵，提升文化自信；小 e 英语网站《英语畅谈中国文化 50 主题》音频，内容与教材翻译文本主题契合度高、简短生动、词汇量大；翻译佳作与翻译国学大师生平的文本、网页资料，帮助学生了解翻译国学名家的经历、赏析翻译佳作，提升学生对中国文化的认同感；教师录制微课，针对翻译教学重难点、学生翻译共性问题等内容录制微课，强化学生学习效果。

二、基于 SPOC 大学英语翻译教学模式构建与运用的流程

教学流程分为课前（线上）、课中（线下）、课下（线上）、课后（线下）四部分，形成完整的教学流程闭环。

（一）课前（线上）

（1）教师发布“基础翻译任务说明”详细告知学生具体安排、评分标准等；上传学习资料：教材翻译练习中重点词汇与短语提示，《英汉互译方法与技巧》《英汉互译》慕课，《中国文化与当代中国》《中国文化英语》慕课或《英语畅谈中国文化 50 主题》音频与本单元文化主题相关的资料；发布有关中国文化或者中国优秀价值观的思考问题。例如，《新视野大学英语（第三版）读写教程 2》第三单元英汉互译两篇短文分别讨论美国文化价值体系中的个人主义与中国传统文化价值观中的孝道。知识目标为掌握主动句、被动句转换的翻译技巧；文化目标为培养学生孝老敬老的意识、提升学生中国传统文化自信。教师上传翻译文本中重点词汇解析，上海师范大学《英汉互译》慕课第四单元“句法翻译”中《主、被动句翻译》一讲时长约 12 分钟，小 e 英语网站《英语畅谈中国文化 50 主题》中《Family Relations 家庭关系》音频时长约 4 分钟，设置思考题。

（2）学生自主学习记录问题，跟帖回复教师思考问题交流观点，以个人形式结合本单元所学翻译技巧、融入中国文化理念完成翻译练习，准备课堂汇报。例如，学生基于自主学习，完成翻译练习，思考问题如下：中西方家庭成员之间的关系有何不同？用英语讲述一则中国传统孝道故事。

（二）课中（线下）

（1）学生展示译文、重点说明翻译技使用与文化意象翻译情况，就自主学习过程中遇到问题提问讨论。学生选取本单元翻译文本中的两个例句进行重点讲解，例 1："Individualism" is admired by most American people. 此句为被动句，可译为：大多数美国人推崇"个人主义"，转换为主动语态；或者"个人主义"被大多数美国人所推崇。保留原句中的被动语态。例 2：中国人把孝道视为人格之本、家庭和睦之本、国家安康之本。此句为典型的"把"字主动句，可译为：Chinese people consider filial piety as the essence of a person´s integrity，family harmony，and the nation´s well-being. 保留原句中的主动语态；或者 Filialpiety is revered as the essence of a person´s integrity，family harmony，and the nation´s well—being. 转换为被动语态。学生英语分享乌鸦反哺、羊羔跪乳、木兰代父从军等经典中华孝道故事。

（2）教师从翻译技巧与文化意识两个方面点评学生译文，对学生提问进行答疑。例如，教师指出，英译汉中，"个人主义"被大多数美国人推崇，可以修改为"个人主义"受到美国人推崇/为美国人所推崇，避免"被"字句的刻板。汉译英中，"中国人把孝道视为..."学生没有将"视为"直接译成 is regarded as，而是译成 is revered as，译出了中国人对孝道的重视，考虑到了翻译中的情感与文化因素。

（三）课下（线上）

（1）教师发布"提高翻译任务说明"上传下列资料：大学英语四、六级翻译真题、模拟题或者《大学英语文化翻译教程》中一篇难度较高的翻译文本及重点词汇与短语提示，主题相关的《中国文化与当代中国》《中国文化英语》慕课或《英语畅谈中国文化 50 主题》音频，翻译佳作、国学翻译大师生平经历等文本或网页资料；发布有关中国文化或者中国优秀价值观的思考问题。例如，教师上传著名翻译家杨宪益先生访谈视频，让学生了解翻译界伉俪杨宪益与戴乃迭的翻译及爱情故事，提升学生对翻译的热爱，促进学生对家庭关系进一步的思考。

（2）学生自主学习如有问题可留言，跟帖回复教师思考问题交流观点，以小组的形式结合本单元所学翻译技巧、融入中国文化理念完成翻译练习、上传至学习通"作业"板块，学生间互评。

（四）课后（线下）

教师就基础任务与提高任务中学生自主学习、翻译技巧掌握、翻译文化意识等情况以及学生译文金句、存在问题进行总结点评，撰写反思日记、改进教学。

三、基于 SPOC 大学英语翻译教学模式构建与运用的重难点

第一，把握 SPOC 性质。在大学英语翻译教学实践中，SPOC 既是教学资源又是教学工具。应该始终把 SPOC 定义为服务教学的手段，不能完全依赖 SPOC，淡化学生学习主体地位，忽视教师教学主导、监控、督促作用。

第二，选择 SPOC 资料。并非所有慕课、音频、文本、网页等教学资料均需在一个单元教学中全部使用，应保证单元内教学资料主题一致、数量与难度适当。根据学生学习掌握情况适时增减资料数量，根据学生兴趣与反馈、结合慕课等网络资源发展及时更新资料内容。

第三，保证学习效果。教师应保证线上线下学习活动设计连贯完整，通过资料选择与活动设计尽量保证学生学习活动的参与度，及时监控确保学生线上线下过程性成绩真实有效。

四、基于 SPOC 的大学英语翻译教学模式构建与运用的创新

第一，根据《大学英语教学指南》（2017 版）对学生翻译能力目标的三级要求，设置基础翻译任务与提高翻译任务，二者在每单元的文本翻译成绩中各占 60%与 40%。基础任务保证所有学生达到教学目标中基础知识点的掌握、翻译能力的提高与文化素养的培养。提高任务除翻译技巧与文化意识目标外对学生英语词汇量提出更高标准，有助于学生通过大学英语四、六级考试或翻译类等级考试。

第二，大学英语翻译教学融入中国传统文化、优秀文化、先进文化内容，中国文化教育与翻译能力提升并举。

第三，教学流程分为课前（线上）、课中（线下）、课下（线上）、课后（线下）四部分，形成完整的教学流程闭环。目前研究较多包括课前、课中、课后三部分，教师在课后（线下）环节采用面授的方式，对学生自主学习情况、存在问题等进行总结反馈，加强对线上线下混合式教学的整体组织监控、有助于巩固教学效果。

综上所述，通过构建大学英语翻译 SPOC，实施基于学习通 SPOC 的大学英语翻译教

学改革实践，教学资源可突破教材翻译练习的局限，数量、难度均有增加，对学生合理“增负”，符合“金课”高阶性、创新性、挑战度的要求；融入中国文化教育，使学生获得“文化自信”，符合“课程思政”建设要求。教学方法由“教师讲授、学生被动接受”的传统教学模式转变为基于SPOC的线上线下混合式教学模式，学生学习的自觉性、能动性、合作性得到提高。教学质量由于学生学习行为的时空延展而得到保证与提升，弥补了当前大学英语缩减学时引起的翻译教学时长不足等缺陷。且大学英语翻译SPOC资源与基于SPOC的线上线下混合式翻译教学模式具有推广意义。在具体教学实践中，应注意把握教学重点难点，保证教学质量。

第四节　大学英语翻译与阅读交互教学模式的融合研究

针对大学生在英语方面的学习困境，提出阅读与翻译交互教学的课堂模式。以图式理论和输入假说理论为基础，收集教学材料和测评材料，以两个非英语专业班级学生为受试对象，通过实际授课教学和测试进行对比分析。结果表明，交互教学模式影响下的实验班学生成绩提高显著。具体体现在：阅读部分的语义理解、细节辨认和判断推理题正确率上升；翻译部分的词汇和语法错误率下降；阅读和翻译能力的提高存在一定的正相关。与传统教学模式相比，交互教学更能提高学生运用各种图式的能力，从而培养学生的自主学习意识。

此外，输入假说理论认为，“习得者应接触到‘可理解性的语言输入’，即略高于现有语言水平的输入，他才能将注意力集中于对意义或对信息的理解而不是对形式的理解，产生习得”①。因此，外语教学研究应着眼于根据既定目标选择教学材料和评价体系，这对学习质量和学习效果有着重要影响。本文以阅读输入和翻译输出为研究对象，以图式理论为指导，讨论以“可理解性的语言输入”为基础的交互教学是否能达到良好的效果。

在现代图式理论体系中，经过学习和认知，新的信息和已存的低一级图式相互作用，经过信息输入、短时记忆、信息的筛选与整理后形成变量，不同变量相互作用形成高一级图式，进而形成长期记忆，然后输出。郑晶将“阅读理解的信息加工模式”表达为：文本信息在视觉存储后，以空间视觉模板和语音回路等形式形成短时记忆，而后中央执行系统

① 卢欣. 大学英语翻译与阅读交互教学模式探索［J］. 海峡科学，2018（9）：94.

进行信息加工和激活语言图式和内容图式，转为长时记忆。将图式理论应用于阅读和翻译交互教学，基本模式表达为：学生对于某话题文本进行阅读、筛选、整理后，形成结构性知识，进一步归类为语言图式（如词汇、句法、语法）、内容图式（如背景知识和与主题相关内容的熟悉度）、形式图式（如组织结构、文章体裁）；而这些图式遇到同质翻译输出文本时，学习者就能更好地解构源语文本中的图式，并对目的语图式进行再编码，形成较为准确的译本。

图式理论对于语言和教学方法的研究具有重要意义。在教学内容方面，基于“可理解性语言输入”原理的材料在多元化教学手段作用下有利于构建学生的语言图式和内容图式。在教学手段方面，实验表明组块化教学对于学生有效记忆单词、增强语块意识和丰富内容图式产生了良好的效果，进一步提高了学生运用各种图式的能力，阅读部分表现为学生阅读速度和正确率都有所提高，翻译部分表现为学生构建正确语篇的能力有所增强。在教学策略方面，以图式理论为基础的交互教学课堂能较好地启发学生，并激发他们的学习兴趣，进而实现教学目标。教师应有意识地调动学生三大图式，使学生不断巩固基本语言图式，掌握源语文本和基础知识，增强处理语言和文化差异的能力。

参考文献

[1] 崔姗，韩雪. 英语文化与翻译研究 [M]. 北京：新华出版社，2015.

[2] 方健壮. 大学英语 [M]. 广州：中山大学出版社，2017.

[3] 贺亚男. 大学英语阅读及写作教学研究 [M]. 成都：电子科技大学出版社，2015.

[4] 金朋荪. 大学英语翻译理论与实践 [M]. 武汉：华中科技大学出版社，2009.

[5] 周婷. 大学英语翻译技巧与实践教程 [M]. 武汉：华中科技大学出版社，2017.

[6] 黎俊. 网络辅助大学英语翻译教学模式的构建 [J]. 湖北科技学院学报，2014，34（10）：3.

[7] 李成明. 英汉互译 [M]. 南京：东南大学出版社，2013.

[8] 李红. 英语阅读理论与实践 [M]. 北京：国防工业出版社，2011.

[9] 李娜. 大学英语翻译教学的技巧及方法 [J]. 湖南城市学院学报（自然科学版），2016，25（05）：212.

[10] 李晓艳. 大学英语阅读中学习策略使用情况的调查研究 [J]. 四川外语学院学报，2006（06）：137-141.

[11] 刘森. 影响大学英语学生阅读成绩的因素研究 [D]. 哈尔滨：黑龙江大学，2009：21-24.

[12] 卢欣. 大学英语翻译与阅读交互教学模式探索 [J]. 海峡科学，2018（9）：94.

[13] 吕玮. 教学创新与大学英语阅读能力的提升 [J]. 教育评论，2013（3）：108-110.

[14] 欧阳智英. 转译法在英汉翻译中的运用 [J]. 2021（2017-20）：14.

[15] 裴继虹. 评价理论在大学英语阅读教学中的应用 [D]. 哈尔滨：黑龙江大学，2015：30-35.

[16] 索佳丽. 基于 SPOC 的大学英语翻译教学模式构建与应用 [J]. 豫章师范学院学报，2021，36（2）：92.

[17] 王笃勤. 大学英语阅读教学活动设计 [M]. 哈尔滨：哈尔滨工程大学出版社，2010.

[18] 王静，李世萍. 大学英语阅读教学中任务型教学法的应用分析 [J]. 海外英语，

2019（5）：2.

[19] 王长兴. 高校英语翻译教学与“跨文化”的有机结合［J］. 教师，2019（11）：52.

[20] 熊丽君. 阅读理论和技巧对大学英语阅读教学的启示［J］. 西安外国语学院学报，2006（1）：48-52.

[21] 杨波. 大学生英语阅读中存在的问题及其对策研究［D］. 济南：山东师范大学，2007：30-34.

[22] 于洋，唐艳. 大学英语阅读教学方法研究［M］. 北京：现代出版社，2019.

[23] 余静娴. 大学英语通用翻译教程［M］. 北京：对外经济贸易大学出版社，2014.

[24] 张富庄，董丽. 当代高校英语翻译教学研究［M］. 长春：吉林人民出版社，2019.

[25] 张君棠. 大学英语阅读教学理论与实践［M］. 北京：冶金工业出版社，2014.

[26] 张俊强，高迎春. 大学英语教学中学生的文化自信提升策略研究［J］. 英语广场，2019（11）：112-113.

[27] 张庆华. 高校英语教师阅读教学实践性知识个案研究［D］. 北京：北京外国语大学，2015：26-31.

[28] 张翌宇. 对大学英语翻译教学的思考［J］. 内蒙古财经学院学报（综合版），2010，8（1）：35.

[29] 赵红，袁新华. 浅析大学英语精读教学和英汉翻译教学的融合［J］. 江西电力职业技术学院学报，2011，24（2）：82.

[30] 钟传根. 大学英语阅读教学活动设计有效性与趣味性［J］. 校园英语，2017（45）：1.